KURZE EINFÜHRUNGEN
IN DIE GERMANISTISCHE LINGUISTIK

Band 10

Herausgegeben von
Jörg Meibauer
und
Markus Steinbach

CHRISTINA NOACK

Phonologie

Universitätsverlag
WINTER
Heidelberg

Bibliografische Information der Deutschen Nationalbibliothek
Die Deutsche Nationalbibliothek verzeichnet diese Publikation in der Deutschen Nationalbibliografie; detaillierte bibliografische Daten sind im Internet über *http://dnb.d-nb.de* abrufbar.

ISBN 978-3-8253-5796-2

Imprimé en Allemagne · Printed in Germany
Druck: Memminger MedienCentrum, 87700 Memmingen

Gedruckt auf umweltfreundlichem, chlorfrei gebleichtem und alterungsbeständigem Papier

Den Verlag erreichen Sie im Internet unter:
www.winter-verlag-hd.de

www.kegli-online.de

Vorwort

Die Phonologie gehört neben der Syntax und der Morphologie zu den grundlegenden Gegenständen der Sprachwissenschaft, wird jedoch von vielen Studierenden offenbar als schwieriger Lerngegenstand empfunden. Mit dieser Einführung möchte ich den Einstieg in die phonologischen Grundlagen und in die phonographische Wortschreibung des Deutschen einschließlich ihres Erwerbs erleichtern, indem die wichtigsten Begriffe ausführlich erläutert und mithilfe von Beispielen und Übungsaufgaben vertieft werden. Dadurch eignet sich der Band gleichermaßen als Seminargrundlage und für das Selbststudium. Die orthographischen Darstellungen beschränken sich auf denjenigen Teil der Wortschreibung, der phonologisch basiert ist, morphologische Schreibungen bleiben daher ebenso unerwähnt wie die Großschreibung und die Interpunktion. Mit der Verbindung zwischen Phonologie und Orthographie bzw. Schrifterwerb soll dieser Band gleichzeitig eine Lücke schließen, nämlich die Grundlagen der Phonologie und deren Bezüge zur Schrift in einer gemeinsamen Einführung zu verknüpfen, womit insbesondere auch Lehramtsstudierende angesprochen sind.

Der Band ist allen Germanistikstudenten gewidmet, besonders denjenigen, die mir in meinen Seminaren und Übungen zum Thema durch beharrliches Nachfragen und geduldige Mitarbeit zahlreiche Anregungen geliefert haben.

Besonderer Dank gebührt den Reihenherausgebern Markus Steinbach und Jörg Meibauer für wertvolle Hinweise und die Möglichkeit, den Band in der KEGLI-Reihe zu publizieren sowie Helmut Spiekermann, Oliver Teuber, Solveig Schulz und Annika Hübl für ihre konstruktive Kritik. Julia Kowalewski danke ich für die Hilfestellung bei der Formatierung.

Inhaltsverzeichnis

1. Einleitung

Gegenstand dieses Buches ist das Lautsystem des Deutschen und damit ein Teilbereich der gesprochenen Sprache. Wenn wir uns mit gesprochener Sprache beschäftigen, wenn wir sie beschreiben oder darstellen wollen, stellt sich neben den Verschriftungskonventionen zunächst einmal die Frage nach ihrer Strukturierung. Aus der Schrift sind wir distinkte Zeichen gewohnt – nämlich Buchstaben –, die uns helfen, sprachliche Ausdrücke für das Auge zu gliedern. Daneben ermöglichen Leerstellen zwischen den Wörtern, sogenannte Spatien, das Erkennen lexikalischer Einheiten im Satz. Weitere Gliederungshilfen sind die Großschreibung, Interpunktionszeichen und textstrukturierende Merkmale, wie die Absatzgestaltung, Überschriften, etc. All diese Merkmale weist die gesprochene Sprache nicht auf. Entgegen der (zumindest unter sprachwissenschaftlichen Laien) verbreiteten Vorstellung, einzelne Laute oder Wörter seien auch im Gesprochenen voneinander abgegrenzt, Wörter etwa durch Pausen getrennt, haben wir es in Wahrheit mit einem Schallkontinuum zu tun, in dem die Einheiten, die wir Laute nennen, miteinander verschmolzen sind (wobei es auch im Gesprochenen gliedernde Elemente gibt, vgl. Kapitel 6 und 7). In Beispiel (1) werden diese Unterschiede sichtbar. Obwohl lautschriftliche Darstellungen, mit denen wir uns in Abschnitt 1.3 näher beschäftigen werden, die gesprochene Sprache nur eingeschränkt abbilden können – schließlich handelt es sich auch um eine Schrift –, sieht die phonetische Umschrift in (1a), die der norddeutsch geprägten Umgangssprache entspricht, bereits ganz anders aus als die orthographischen Schreibung in (1b).

(1) a. [kɔmstəhɔɪtəmɪtnʃvɪmbat]
b. Kommst du heute mit ins Schwimmbad?

So fällt beispielsweise auf, dass die lautsprachliche Notation keine Spatien aufweist; außerdem sind nicht alle Segmente, die in der orthographischen Schreibung vorkommen, realisiert: Das Pronomen *du* erscheint klitisiert (d.h. lautlich abgeschwächt und mit dem vorigen Wort verbunden) und die Präposition *ins* stark reduziert ([n]). Solche Phänomene und ihre sprachstrukturellen Gesetzmäßigkeiten werden, soweit sie die Phonologie betreffen, in Kapitel 7 näher erläutert. An dieser Stelle gilt es zunächst festzuhalten, dass gesprochene und geschriebene Sprache z.T. sehr unterschiedliche Strukturen aufweisen und letztere keinesfalls als eine Abbildung der ersten mithilfe von Buchstaben aufgefasst werden darf.

Ohne Übung und ein Wissen über die segmentale Struktur von Wörtern, das wir als Muttersprachler normalerweise mitbringen, wäre es kaum möglich, Laute aus einem Sprachschall zu ermitteln. Dies kann jeder nachvollziehen, der versucht, die Laute einer gesprochenen Äußerung einer ihm unbekannten Sprache zu ermitteln. Aber sogar in der eigenen Muttersprache wäre es ein schwieriges Unterfangen, die Anordnung der Laute festzustellen, wäre man nicht durch langjährige Schrifterfahrung darin geübt. Umgekehrt fällt es schrifterfahrenen Erwachsenen i.d.R. schwer, die orthographischen Strukturen eines Wortes zu ignorieren und aus einer naiven Perspektive heraus die rein lautliche Sequenz, quasi in „Lautschrift“, zu notieren.

1.1 Phonetik und Phonologie

In der Praxis ist es nicht immer einfach, die sprachlichen Beschreibungsebenen Phonetik und Phonologie voneinander zu trennen. Dies liegt v.a. daran, dass die Phonologie auf phonetischen Grundlagen aufbaut und ein großer Teil der phonologischen Terminologie aus der Phonetik stammt. In der Fachliteratur wird die Phonetik häufig als Naturwissenschaft bezeichnet, da sie sprachliche Signale mit teilweise physikalischen Verfahren misst und auswertet. So werden Tonhöhenverläufe gemessen, indem bestimmte Frequenzwerte ermittelt werden; Betonung und Akzent werden durch Energieparameter festgestellt; einzelne Laute innerhalb des Sprachkontinuums können anhand ihres akustischen Spektrums qualitativ bestimmt werden usw. Eine solche Analyse kann mithilfe bestimmter Computerprogramme, sogenannten *Sonagraphen*, sichtbar gemacht werden, wie in Abb. 1.1 zu sehen. Das Sonagramm wurde mit dem Programm Praat erstellt (www.praat.com). Im oberen Bildausschnitt sieht man ein sog. Oszillogramm, das den Amplitudenverlauf des Schallsignals darstellt; der untere Ausschnitt ist das sog. Spektrogramm, d.h. die graphische Wiedergabe einer Spektralanalyse, in der die Schwärzungen Frequenzen in den einzelnen Hertzbereichen anzeigen.Traditioneller Weise werden drei Unterbereiche der Phonetik unterschieden: Die **artikulatorische Phonetik** beschreibt die Prozesse der Lauterzeugung, insbesondere das Zusammenspiel der jeweils beteiligten Sprechorgane (i.e. der Zunge und der beteiligten Artikulationsorte im Mund). Weitere Themen der artikulatorischen Phonetik sind die Stimmtonerzeugung im Kehlkopf, aber auch die Beeinflussung des Luftstroms im Mundraum durch Zunge, Lippen und andere Sprechorgane. Um die andere Seite der Sprachübertragung geht es bei der **auditiven** oder **perzeptiven Phonetik**. Hier werden die Wahrnehmung und die Verarbeitung sprachlicher Reize durch den Hörer erforscht. Mithilfe von Experimenten, sog. Perzeptionstests, kann z.B. untersucht werden, ob Sprecher verschiedener deutschsprachiger Regionen den Unterschied zwischen den Wörtern *Ofen* und *offen* über einen Längenunterschied der beiden o-Vokale oder eher über ihren jeweils unterschiedlichen Klang wahrnehmen (zur Diskussion der unterscheidenden Merkmale im deutschen Vokalismus vgl. Kap. 4 und 6). Die **akustische Phonetik** ist eine rein physikalisch arbeitende Disziplin, in der akustische Daten von Schallwellen, wie Frequenzen und Energieverläufe mithilfe moderner Computerprogramme, wie in Abb. 1.1 dargestellt, gemessen werden. Akustisch-phonetische Verfahren ermöglichen es z.B., bezüglich der Qualität und der zeitlichen Dauer eines bestimmten Signals genaue Werte zu bestimmen.

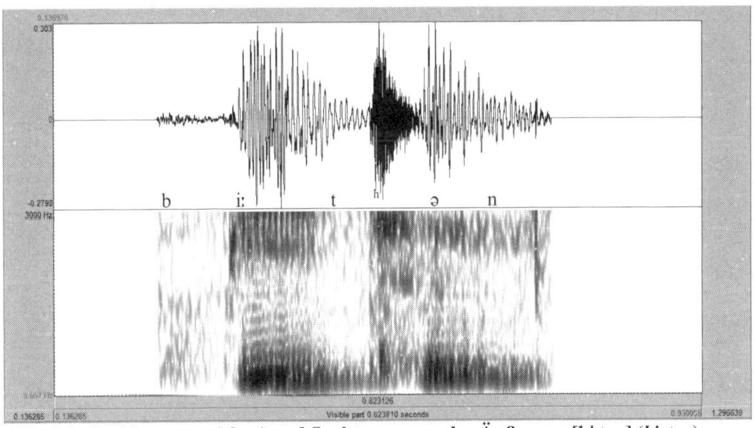

Abb. 1.1: Oszillogramm (oben) und Spektrogramm der Äußerung [biːtən] (*bieten*)

Gegenüber der Phonetik handelt es sich bei der Phonologie um eine geisteswissenschaftliche Disziplin, die, wie auch die Morphologie, die Syntax und die Semantik, sprachliche Daten interpretiert und ihre Strukturen systematisiert. So versucht die Phonologie des Deutschen die in dieser Sprache vorkommenden **Laute** bzw. **Phone** (die zunächst phonetisch ermittelt worden sind) hinsichtlich ihrer Verteilung und ihres Verhaltens innerhalb größerer sprachlicher Einheiten wie Wörtern und Silben zu beschreiben. Der Phonologie kommt es also auf die Funktion der kleinsten sprachlichen Einheiten innerhalb eines einzelsprachlichen Systems an, daher wird sie häufig auch als „funktionale Phonetik“ bezeichnet (vgl. Maas ^{2}2006). Die Phonologie kümmert sich darüber hinaus in erster Linie um die Systemhaftigkeit des lautlichen Bereichs der Sprache, unter Vernachlässigung konkreter lautlicher Ausprägungen. Aufgrund dessen definiert sie als kleinste Beschreibungseinheiten **Phoneme**, die hinsichtlich ihrer Funktion im Sprachsystem determiniert sind. Phoneme sind nicht mit konkret geäußerten Lauten gleichzusetzen, sondern stellen abstrakte Einheiten dar. Neben den Phonemen werden auch lautliche Phänomene beschrieben, die mehreren Segmenten übergeordnet sind, wie **Betonung** und **Akzent**, sogenannte **Suprasegmentalia**.

In der Phonologie ist es wichtig, wie in allen anderen sprachwissenschaftlichen Bereichen auch, dass die einzelnen Beschreibungsebenen strikt auseinandergehalten werden. Immer wieder kann man beobachten, dass etwa die Begriffe „Laut“ und „Phonem“ nicht unterschieden werden, ebenso werden häufig die lautliche und die schriftliche Sprachebene vermischt, besonders im Studium. Daher sei an dieser Stelle noch einmal eindringlich darauf hingewiesen, dass man sich stets darüber im Klaren sein muss, auf welcher der Ebenen man gerade argumentiert, auf der phonetischen, wenn es z.B. um artikulatorische Prozesse gehen soll, der phonologischen, wenn das Lautsystem beschrieben wird, oder der graphematischen, bei der Beschreibung schriftsprachlicher Strukturen. Um diese Unterscheidung in der Literatur zu gewährleisten, gibt es Notationskonventionen. Phonetische Zeichen und Phoneme werden mit bestimmten Symbolen verschriftet, die auf dem lateinischen und griechischen Alphabet basieren, aber andere Werte besitzen als in der Buchstabenschrift (und von denen viele auch neu erfundene Zeichen sind). Das gebräuchlichste phonetische Zeichensystem ist das **Internationale Phonetische Alphabet**. Aus Gründen der Eindeutigkeit werden phonetische Umschriften wie in (2a) stets in eckigen Klammern notiert („[…]“), Phoneme stehen in Schrägstrichen („/…/“, 2b), Grapheme in Winkelklammern („<…>“; 2c) (mit den lautschriftlichen Zeichen werden wir uns in Abschnitt 1.3 intensiver befassen). Diese Konvention ist unbedingt einzuhalten, da es sonst leicht zu Missverständnissen kommen kann.

(2) a. phonetisch: [di.ˈʃvaː.tsn̩.ˈhʊn.də]
b. phonologisch: /di ˈʃvaɐ.tsən ˈhʊn.də/
c. orthograpisch: <die schwarzen Hunde>

Aus der generativen Phonologie stammt die Unterscheidung zwischen der **zugrundeliegenden** und der **Oberflächenstruktur**: Die in Schrägstrichen notierte phonologische Form wird auch als zugrundeliegend bezeichnet, sie ist gegenüber der **konkreten Äußerungsform**, der Oberflächenform, abstrakt. Es kommt vor, dass die phonologische Repräsentation Laute aufweist, die in der konkreten Äußerung so nicht realisiert werden. Ein Beispiel ist der Reduktionsvokal [ə] in unbetonten Silben, das sog. Schwa, das umgangssprachlich vor bestimmten Konsonanten ausfällt (vgl. *reiten* [ʁaɪtn̩]), phonologisch jedoch notiert wird (/ʁaɪtən/).

Wie in der Sprachwissenschaft insgesamt, so beziehen sich auch die hier beschriebenen Zusammenhänge nicht ausschließlich auf eine Einzelsprache, sondern sie werden ebenso für sprachvergleichende Untersuchungen eingesetzt. Z.B. ist es spannend zu vergleichen, wie in unterschiedlichen Sprachen das Phänomen Akzent (= Wort- bzw. Satzbetonung, vgl. Kapitel 7) akustisch realisiert wird, meistens entweder durch Tonhöhe oder aber durch eine höhere Schallintensität. In dieser Einführung wird es jedoch in erster Linie um die Beschreibung des deutschen Lautsystems gehen. Phonetische Grundlagen und die phonologischen Beschreibungskategorien sind einschließlich der angeführten Beispiele an der deutschen Sprache ausgerichtet. Für eine sprachübergreifende Einführung in die Phonologie vgl. Hall (2000).

1.2 Die wissenschaftliche Beschreibung von Lautsystemen

Wie oben bereits angesprochen, handelt es sich bei der Phonologie um eine sprachwissenschaftliche Teildisziplin mit geisteswissenschaftlicher Ausrichtung, die sich in ihren Grundlagen u.a. naturwissenschaftlicher Erkenntnisse und Methoden bedient. Obwohl die phonetischen Grundlagen noch eingehend in Kapitel 2 erörtert werden, soll im Folgenden bereits in einem ersten Überblick die Arbeitsweise dieses Gebiets vorgestellt werden.

Das Lautsystem einer Sprache besteht zunächst aus einer Menge sprachlicher Einzellaute, die z.T. mit regionalen Abweichungen von den Sprechern dieser Sprache verwendet werden. Diese Laute kommen in anderen Sprachen ebenfalls vor. Tatsächlich gibt es weltweit eine begrenzte Anzahl von Vokalen und Konsonanten, aus denen die einzelnen Sprachen wiederum immer nur eine Auswahl verwenden. Dabei gibt es solche Laute, die in fast allen Sprachen vorkommen, etwa [p] oder [a], und andere, die eher selten sind, wie [y] und [ç] in dem dt. Wort K<u>üch</u>e ([kyçə]). Die sehr häufig vorkommenden Laute werden auch als **unmarkiert** bezeichnet, die selteneren als **markiert** (zum Markiertheitsbegriff in der Phonologie vgl. Hall 2000: 86ff.). Interessanterweise werden die unmarkierten Laute auch im Spracherwerb vor den markierten erworben; so zählen Fox/Dodd (1999) zufolge die Konsonanten [m] und [p] bei muttersprachlich deutschen Kindern zu den am frühesten, [ç] und [ʃ] zu den am spätesten erworbenen Lauten.

In den unterschiedlichen Sprachen können dieselben Laute vollkommen andere Funktionen besitzen oder eine abweichende Kombinatorik aufweisen. So gibt es Sprachen, in denen sich die Bedeutung eines Wortes ändert, je nachdem, ob ein bestimmter Konsonant lang oder kurz artikuliert wird, z.B. im Finnischen (3a) oder Italienischen (3b). In anderen Sprachen wiederum gibt es keine konsonantischen, dafür aber vokalische Längenkontraste, z.B. im Deutschen (3c) (der Doppelpunkt kennzeichnet den davorstehenden Laut als lang).

(3) a. finnisch: ‚mato' ([mato]) *Wurm* vs. ‚matto' ([matːo]) *Teppich*
b. italienisch: ‚fato' ([fato]) *Schicksal* vs. ‚fatto' ([fatːo]) *Sache*
c. deutsch: *Ratte* ([ʀatə]) vs. *rate* ([ʀɑːtə])

Entgegen dem Eindruck, den die Orthographie vermittelt, besteht der Unterschied zwischen den Wörtern in (3c) nur im Vokal der ersten Silbe, nicht im darauffolgenden Konsonanten. Im Deutschen wird also der vokalische Dauerkontrast orthographisch auf die gleiche Weise gekennzeichnet, wie in anderen Sprachen der konsonantische Längenunterschied. Dass es hier nicht zu Fehlinterpretationen seitens des Lesers kommt, liegt übrigens daran, dass es im Deutschen diesen Längenunterschied nur bei den Vokalen gibt. In einigen Sprachen gibt es ihn weder bei den Vokalen noch bei den Konsonanten (z.B. Spanisch), in anderen bei beiden Lautklassen (z.B. Finnisch).

Im Deutschen ist es unerheblich, ob ein Sprecher den *r*-Laut als Frikativ (Reibelaut) spricht, wie in den meisten Regionen des deutschen Sprachgebiets üblich, oder ob er ihn hinten am Zäpfchen oder sogar mit der Zungenspitze „rollt". Ein Wort wie *Rad* wäre in allen Fällen verständlich und von der Bedeutung her eindeutig. Im Arabischen macht es dagegen einen erheblichen Unterschied, wie dieser Laut artikuliert wird, frikativisches und mit der Zungenspitze gerolltes *r* haben im Arabischen nämlich eine bedeutungsunterscheidende bzw. **distinktive** Funktion (4), während sie im Deutschen lediglich **Aussprachevarianten** darstellen und daher innerhalb des Konsonantensystems auch einen anderen Status besitzen als im Arabischen.

(4) arabisch: /ramaz/ *hinweisen* vs. /ʁamaz/ *betasten*

Ebenso ist im Deutschen, wie oben am Bsp. *rate/Ratte* gesehen, vokalische Länge distinktiv und kann folglich als phonologisches Merkmal klassifiziert werden. Andererseits gibt es Laute, die nicht einfach gegeneinander austauschbar sind, wie bei den deutschen r-Lauten der Fall, und trotzdem nicht distinktiv sind. Im Deutschen gibt es die Laute [ç] und [x] (vgl. *Licht* vs. *lacht*). Artikulatorisch handelt es sich um unterschiedliche Sprachlaute, sie sind jedoch nicht distinktiv, da sie nie in derselben Umgebung vorkommen; wir werden uns in Kapitel 3.2 noch einmal näher mit diesen Lauten befassen. Nicht alle Phone, die in einer Sprache vorkommen, sind also gleichzeitig Phoneme dieser Sprache; Distinktivität ist hierbei ein entscheidendes Kriterium (mehr dazu in Kapitel 2).

Weiterhin gehört zu den Eigenschaften eines phonologischen Systems die Kombinatorik der Laute innerhalb größerer sprachlicher Einheiten, wie Silben oder Wörtern. Auch hierin unterscheiden sich selbst nah verwandte Sprachen z.T. erheblich. Während deutsche Wörter nicht mit der Lautfolge [sn] beginnen dürfen, ist dies im Englischen erlaubt, vgl. *snow*. Andersherum gibt es keine englischen aber viele deutsche Wörter, die mit der Folge [ʃn] beginnen, wie in dem Wort *Schnee*. Die innerhalb einer Sprache zulässigen Lautverbindungen in bestimmten Wort- und Silbenpositionen untersucht die Phonotaktik, die in Kapitel 6 vorgestellt wird.

1.3 Das Internationale Phonetische Alphabet (IPA)

Um die phonologischen Verhältnisse einer Sprache beschreiben zu können, benötigt man ein Notationsverfahren, das es ermöglicht, lautliche Besonderheiten zu notieren, die im Geschriebenen durch die Alphabetschrift nicht wiedergegeben werden können. So gibt es im Deutschen nur ein Schriftzeichen für den Vokal *u*, obwohl es dafür lautlich zwei Ausprägungen gibt, vgl. *Ruhm* ([ʁuːm]) und *Rum* ([ʁʊm]). Andererseits können viele der im Geschriebenen vorkommenden Besonderheiten in einer lautlichen Notation unterbleiben: In der Schrift existieren für denselben Laut manchmal mehrere Schreibvarianten, wie in den Wörtern <Foto>, <Vater> und <Phon>. Hier wäre in einer Lautschrift für die identischen ersten Laute jedesmal dasselbe Zeichen zu verwenden, nämlich [f]. Die phonetische **Transkription** (= Umschrift) neutralisiert sämtliche orthographischen Merkmale, die rein grammatisch motiviert sind, so z.B. die morphologische Konstantschreibung, vgl. *Stamm* –

Stämme, ([ʃtam] – [ʃtɛmə]) *Hund* – *Hunde* ([hʊnt] – [hʊndə]). Wir werden in Kapitel 3.2 noch ausführlicher auf die Notationskonventionen phonetischer Umschrift eingehen.

Ein weiterer zentraler Anspruch an eine Lautschrift ist die sprachübergreifende Einheitlichkeit der verwendeten Zeichen, die mit herkömmlichen Schriftsystemen nicht zu realisieren ist. Zu diesem Zweck mussten spezielle Verschriftungssysteme entwickelt werden, die es erlauben, lautliche Segmente aber auch nichtsegmentale Phänomene wie Betonung bzw. Akzent u.a.m. eindeutig zu notieren. Die international gebräuchlichste Lautschrift ist das sog. **Internationale Phonetische Alphabet (IPA)**, das bereits im Jahr 1888 von der Internationalen Phonetischen Gesellschaft entwickelt worden ist. In Zeiten der elektronischen Datenverarbeitung hat sich daneben ein weiteres, an das IPA angelehntes System bewährt, das sog. SAMPA (‚Speech Assessment Methods Phonetic Alphabet'). Hier wird ausschließlich mit dem ASCII-Zeichensatz gearbeitet, was bei der computerbasierten Texterstellung und -übertragung große Vorteile mit sich bringt (ASCII = ‚American Standard Code for Information Interchange').

Ausführlich und systematisch werden wir uns im 3. und 4. Kapitel mit dem Lautsystem und seinen Notationsweisen befassen. Als zusätzliche Hilfestellung befindet sich eine Liste der konsonantischen und vokalischen IPA-Zeichen im Anhang.

1.4 Aussprachenorm (Orthoepie)

Bei wortphonologischen Beschreibungen, insbesondere bei lautschriftlichen Notationen, stellt sich häufig die Frage, welche Aussprache eigentlich die „richtige" sei; analog zur **Orthographie**, die die korrekte Schreibweise vorgibt, gibt es für die gesprochene Sprache eine **orthoepische** Norm (< gr. ‚orthos' = *richtig* + ‚epeia' *Aussprache*). Die Duden-Grammatik ([6]1998: 47) erläutert hierzu, dass es „bis zum Ende des 19. Jahrhunderts […] im deutschen Sprachgebiet eine überregional mehr oder weniger einheitliche Aussprachevarietät" gegeben habe, die „an der Schriftform der Wörter orientiert" gewesen sei. Heute finden wir im deutschen Sprachgebiet eine vollkommen andere Situation vor: In den ehemaligen Dialektregionen überlagern sich unterschiedliche Subvarietäten mit dialektalen Einflüssen (Regionalsprachen, Regionalstandards), während wir so etwas wie eine dialektübergreifende Einheitssprache heute nicht mehr beobachten können. Aufgrund des Bestrebens, eine einheitliche und dialektfreie Bühnenaussprache zu schaffen, hat sich seit dem 19. Jahrhundert eine künstliche Aussprachenorm etabliert. Realisiert wurde dieser Anspruch zum ersten Mal in der „Deutschen Bühnensprache" von Theodor Siebs (1898). Später wurde die Aussprachenorm auf den allgemeinen Sprachgebrauch ausgeweitet. Bis zur 18. Auflage des „Siebs" orientierte sich die Norm an der Bühne, erst seit der folgenden Auflage von 1969 dann zunehmend auch am Sprachgebrauch der Sprecher (zu diesem Zeitpunkt allerdings noch nicht konsequent bzw. phonetisch abgesichert). Seitdem wird in der Orthoepie zwischen einer sog. „reinen" und einer „gemäßigten" Hochlautung (5) unterschieden; der zweite Ausdruck ist dabei so zu verstehen, dass Aussprachevorgaben eher auf eine standardnahe – d.h. dialektferne – Umgangssprache ausgerichtet sind.

(5)	a. reine Hochlautung	b. gemäßigte Hochlautung	
	[ˈduʃən]	[ˈd̥uʃn̩]	*duschen*
	[hɛˈrʊntər]	[hɛˈʀʊntɛʀ]	*herunter*
	(Siebs, Deutsche Aussprache [19]1969)		

Davon abgesehen unterliegt die phonetische Realisierung sprachlicher Äußerungen immer auch dialektalen, sozialen, situativen und ideolektalen Einflüssen, d.h. dass die Aussprache von der regionalen Herkunft und Schichtzugehörigkeit eines Sprechers, aber auch von der körperlichen Verfassung, geprägt sein kann. Diese Einflüsse sind in der Aussprachnorm weitestgehend nivelliert.

Wir werden in diesem Buch grundsätzlich von der gemäßigten Hochlautung ausgehen, wie sie in den Aussprachewörterbüchern kodifiziert ist.

Zusammenfassung: Wir haben in diesem Kapitel einige Teildisziplinen und Untersuchungsgegenstände der Phonetik und Phonologie kennengelernt und uns einen Überblick über die jeweiligen Untersuchungsmethoden verschafft. Dabei haben wir gesehen, dass die Phonetik sich mit dem Sprachschall beschäftigt, den sie z.B. physikalisch analysiert, während die Phonologie das Lautsystem einer Sprache beschreibt. Zwischen beiden Gebieten gibt es deutliche Unterschiede aber auch zahlreiche Schnittstellen. Die Phonetik liefert die terminologischen und methodischen Grundlagen, auf denen die Phonologie aufbaut.

Aufgabe 1: Schlagen Sie in einem sprachwissenschaftlichen Lexikon (z.B. Bußmann ^{4}2008 oder Metzler Lexikon Sprache ^{3}2005) die Begriffe ‚Phonetik‘ und ‚Phonologie‘ nach und machen Sie sich die Unterschiede zwischen beiden Disziplinen deutlich.
Aufgabe 2: Versuchen Sie mithilfe der IPA-Tabelle folgende Sätze so aufzuschreiben, wie Sie sie (umgangssprachlich) sprechen. Was fällt gegenüber der orthographischen Schreibweise auf?
a. *Der Mann kommt mit dem Fahrrad angefahren.*
b. *Viel Regen fiel vom Himmel.*
c. *Morgenstund hat Gold im Mund.*
Aufgabe 3: Erläutern Sie die Begriffe ‚Orthoepie‘ und ‚Orthographie‘.

Grundbegriffe: Artikulatorische/akustische/auditive Phonetik, Phonologie, Orthographie, Internationales Phonetisches Alphabet (IPA), Orthoepie, reine/gemäßigte Hochlautung, Markiertheit.

Weiterführende Literatur: Hall (2000), Kohler (^{2}1995), Neppert (^{4}1999), Pompino-Marschall (^{2}2003), Eisenberg (^{3}2006), Maas (^{2}2006), Duden-Grammatik (^{6}1998), Fox/Dodd (1999), Siebs (^{19}1969).

2. Phonetische Grundlagen

Wie im ersten Kapitel dieses Bandes bereits angesprochen, handelt es sich bei der Phonetik und der Phonologie um unterschiedliche Disziplinen, die jedoch inhaltliche, methodische und terminologische Überschneidungen aufweisen. Die Phonologie bedient sich nämlich phonetischer Grundlagen, insbesondere in ihren Merkmalsdefinitionen. Bevor wir uns den phonologischen Grundlagen und Prozessen zuwenden, werden wir im vorliegenden Kapitel die Laute nach artikulatorischen Gesichtspunkten beschreiben, wobei es zunächst um die allgemeinen Grundlagen der artikulatorischen Phonetik gehen wird und anschließend um die Produktion vokalischer und konsonantischer Laute.

2.1 Die Artikulationsorgane

Den Prozess der Lautproduktion bezeichnen wir als **Artikulation**. Um Sprache zu erzeugen, benötigen wir im Prinzip drei Dinge: Zum einen Luft, die mithilfe des Zwerchfells aus der Lunge durch Mund oder Nase nach außen gedrückt wird, zum zweiten den Kehlkopf, in dem die Stimme erzeugt wird und drittens bestimmte Organe, die im Mund- und Rachenraum den Luftstrom so modifizieren, dass unterschiedliche Laute gebildet werden.

Aspiration (Atmung): Im Deutschen findet Artikulation i.d.R. während der Ausatmung (egressiv) statt. Luft strömt aus der Lunge (= **pulmonal**) durch den Kehlkopf, den Rachen und den Mund bzw. die Nase. Es gibt Sprachen, in denen einzelne Laute während des Einatmens (ingressiv) erzeugt werden. Dieses Phänomen kommt in den afrikanischen Sprachen häufig vor. Im Deutschen gibt es solche Laute nicht, obwohl es jedoch prinzipiell möglich ist, beim Einatmen zu sprechen.

Phonation: Am Kehlkopf befinden sich die **Stimmlippen**, ohne die die Sprachproduktion nicht möglich wäre (übrigens ist *Stimmlippen* und nicht *Stimmbänder* der phonetische Fachausdruck). Wenn die Stimmlippen so eng aneinander liegen, dass die hindurch strömende Luft sie vibrieren lässt (sog. Phonationsstellung), wird ein Stimmton erzeugt; diesen Vorgang bezeichnet man als Phonation. Man kann die Vibration der Stimmlippen äußerlich ertasten, indem man die Fingerspitzen leicht an den Kehlkopf legt und abwechselnd einen Vokal, z.B. [ɑː] und einen Laut ohne Stimmbeteiligung spricht, z.B. [f]: Beim ersten Laut spürt man so etwas wie ein Kribbeln, beim zweiten nicht. Laute, bei deren Artikulation durch die Vibration der Stimmbänder ein Stimmton erzeugt wird, nennen wir **stimmhaft**, die bei denen dies nicht der Fall ist, entsprechend **stimmlos**. Die unterschiedlichen Lautklassen werden in Abschnitt 2.3 ausführlich vorgestellt, hier sei schon einmal darauf hingewiesen, dass einige Laute immer stimmhaft artikuliert werden, während andere eine stimmhafte und eine stimmlose Variante aufweisen.

Eine weitere Positionen der Stimmlippen neben der Phonationsstellung ist die sog. Atmungsstellung, die – wie der Name schon sagt – bei der Atmung, aber auch bei der Produktion stimmloser Laute zum Einsatz kommt; die Stimmlippen sind dabei geöffnet, so dass die Luft ungehindert durch die **Glottis** (das ist die Stimmritze zwischen den Stimmlippen) strömen kann. Als drittes gibt es die sog. Flüsterstellung, bei der die Stimmlippen selbst geschlossen, die Stellknorpel, an denen sie befestigt sind, jedoch eine dreieckförmige Öffnung bilden. Abb. (1) zeigt schematisch die Stellung der Stimmlippen bei Phonation (1a), Atmung (1b) und beim Flüstern (1c). Das Schema deutet den Querschnitt der Glottis (Kreis) mit den Stellknorpeln (graue Dreiecke) und den daran befestigten Stimmlippen (Striche) an.

(1) a. b. c.

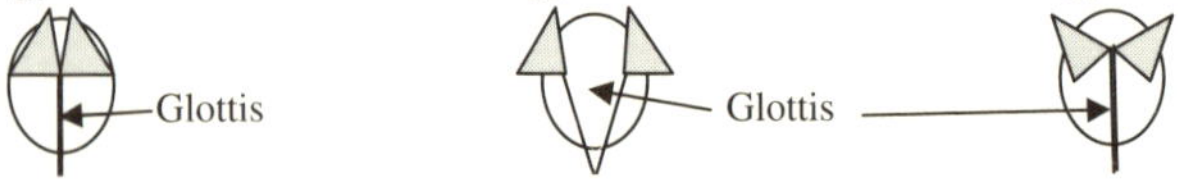

Die Stimmlage eines Sprechers wird von der Länge der Stimmlippen beeinflusst: Bei Männern sind sie zwischen 17 und 24 mm lang, bei Frauen zwischen 13 und 17 mm. Säuglinge haben ca. 5 mm lange Stimmlippen. Je kürzer die Stimmlippen, desto höher die Stimmlage. Entscheidend für die Tonhöhe ist die Frequenz, in der die Stimmlippen schwingen. Längere Stimmlippen schwingen langsamer als kürzere, dies ist vergleichbar mit den Schwingungen einer Gitarrensaite: Je kürzer sie abgegriffen wird, desto höher der Ton. Männerstimmen weisen eine durchschnittliche Grundfrequenz von etwa 120 Hz auf, das sind 120 Schwingungen in der Sekunde. Frauenstimmen schwingen ca. 230 mal pro Sekunde, also mit 230 Hz, Säuglinge ca. 400 mal. Darüber hinaus kann die Stimme kontrolliert beeinflusst werden, indem die Schwingung der Stimmlippen muskulär verändert wird (vgl. Pompino-Marschall, ²2003: 35ff.).

Artikulationsorgane: Die von der Lunge nach außen strömende Luft wird beim Sprechen modifiziert, dadurch entstehen unterschiedliche Sprachlaute. Die Artikulationsorgane sind z.B. die Zunge und die Lippen, aber auch der Gaumen und der Kehlkopf. Wir werden uns in den folgenden Abschnitten ausführlich mit ihnen beschäftigen; in Abb. 2.1 sind die Artikulationsorgane schematisch dargestellt.

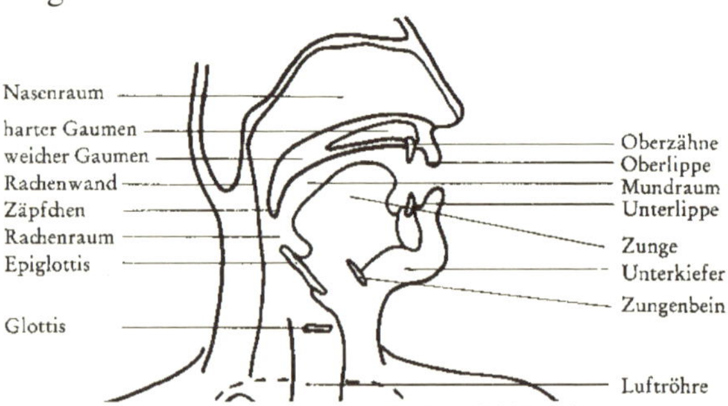

Abb. 2.1: Artikulationsorgane (aus Kohler ²1995: 44)

Den Bereich des menschlichen Körpers, in dem die Lautartikulation stattfindet, das ist der Mund-, Nasen- und Rachenbereich von der Glottis bis zu den Lippen, wird in der Phonetik **Ansatzrohr** genannt. Bildlich dargestellt wird es mit dem sog. **Sagittalschnitt**, einem seitlichen Längsschnitt durch den Hals- und unteren Kopfbereich.

2.2 Vokalische Artikulation

Für eine Systematisierung werden die in einer Einzelsprache vorkommenden Sprachlaute zunächst größeren Lautklassen, sog. Oberklassen, zugeordnet; auf der höchsten Ebene sind dies **Vokale** und **Konsonanten**. Diese Einteilung ist deshalb sinnvoll, da alle Sprachlaute Eigenschaften aufweisen, nach denen man sie entweder der einen oder der anderen Klasse zuordnen kann. Auf der artikulatorischen Seite zeichnen sich sämtliche Vokale dadurch aus, dass bei der Artikulation im Ansatzrohr keinerlei Hindernis aufgebaut wird, welches den Luftstrom beeinträchtigt. Die Luft kann ungestört von der Lunge durch die Glottis in den Mundraum strömen und durch die geöffneten Lippen austreten. Dies ist bei keiner Konsonantenklasse der Fall, hier erfolgt die Artikulation grundsätzlich durch eine Behinderung des oralen Luftstroms. Bei den Vokalen entsteht zudem durch den ungehinderten Luftstrom und gleichzeitiger Stimmbeteiligung auditiv der Eindruck hoher **Sonorität** bzw. **Schallfülle** (diese Begriffe werden ausführlich im 6. Kapitel behandelt), welcher artikulatorisch durch den Resonanzraum des Mundes zustande kommt.

In den verschiedenen Sprachen der Welt gibt es laut IPA 28 unterschiedliche Vokale. 16, also etwa die Hälfte, kommen in der deutschen Standardsprache vor. Zum Vergleich: Die kleinsten Vokalinventare weltweit weisen gerade einmal drei Vokale auf (z.B. das Hocharabische), die größten bis zu 24, so in der in Namibia und Angola gesprochenen Clicksprache !Xũ (zu Clicksprachen vgl. Maddieson 1984; Hall 2000). Laut Pompino-Marschall (^{2}2003) ist es bei größeren Vokalsystemen häufig der Fall, dass sich die einzelnen Laute neben der Qualität durch weitere Merkmale unterscheiden, etwa Längenunterschiede wie im Deutschen oder Nasalierung wie im Französischen.

Wie werden nun die Vokale artikulatorisch unterschieden? Sämtliche Vokalphone der Welt konstituieren sich – abgesehen von den oben erwähnten Zusatzmerkmalen wie Nasalierung etc. – durch drei Parameter:

- **Kieferstellung** (geschlossen, halb geschlossen, halb offen, offen); im deutschen Sprachraum findet sich alternativ der Parameter **Zungenhöhe** (hoch, mittel-hoch, mittel-tief, tief)
- **Zungenlage** (vorne, zentral, hinten)
- **Lippenrundung** (ungerundet, gerundet)

Jeder Vokal lässt sich mithilfe dieser drei Merkmalskategorien eindeutig beschreiben. Theoretisch ist jede Kombination dieser Parameter möglich (z.B. geschlossen – hinten – gerundet; halb geschlossen – vorn – ungerundet), tatsächlich sind jedoch in den bekannten Sprachen nicht sämtliche Konstellationen belegt, v.a. im Bereich der zentralen Zungenlage.

Die Kieferstellung bezeichnet den Öffnungsgrad des Unterkiefers gegenüber dem Oberkiefer; danach lassen sich die Vokale vierfach unterschieden, nämlich in geschlossen (z.B. [i], [u]), halb geschlossen (z.B. [e], [o]), halb offen (z.B. [ɛ], [ɔ]) und geschlossen ([a], [ɑ]). Alternativ erfolgt in der Literatur häufig die Unterscheidung der Vokale nach der Zungenhöhe: Der Ausdruck bezieht sich auf die Zungenposition auf einer vertikalen Achse und unterscheidet hohe Vokale (z.B. [i], [u]), mittlere (z.B. [e], [o]) und tiefe ([a], [ɑ]).Während die Zungenhöhe also eine Dreiteilung vorgibt, erlaubt die Bezeichnung der Kieferstellung aufgrund der vierfachen Unterscheidung eine genauere Differenzierung der einzelnen Vokale.

Daneben wird auf der horizontalen Achse die Zungenlage beschrieben, und zwar in drei Positionen: Vokale können mit vorderer Zungenlage (z.B. [e]) artikuliert werden, mit mittlerer (z.B. [ɨ], ein Vokal, der im Deutschen nicht vorkommt; vgl. IPA-Tabelle im Anhang) und mit hinterer (z.B. [u]).

Der vertikale und der horizontale Zungenparameter ergeben schematisch ein Viereck mit den Eckpunkten geschlossen/vorn, offen/vorn, geschlossen/hinten, offen/hinten.

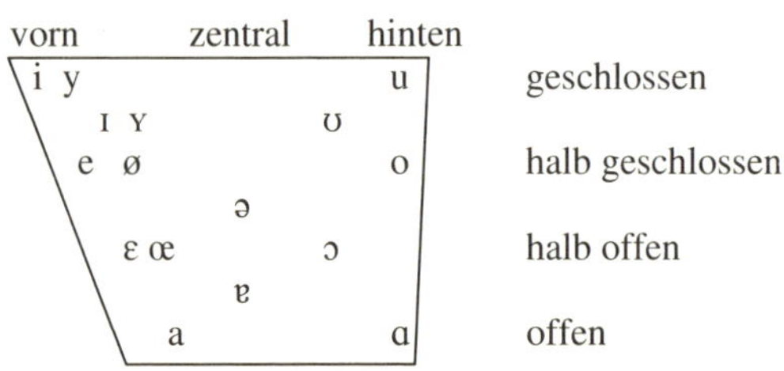

Abb. 2.2: Vokalviereck des Deutschen

Als drittes Merkmal kann jeder der in diesem Viereck liegenden Vokale entweder mit gespreizter (z.B. [i], [e]) oder mit gerundeter Lippenstellung (z.B. [u]) artikuliert werden. Lippenspreizung bedeutet, dass die Lippen etwas nach außen gezogen werden, bei der Lippenrundung bilden sie eine annähernd runde Öffnung ([u], [o], [ø]). Durch diesen dritten Artikulationsparameter kann das Vokalsystem schematisch als Quader dargestellt werden:

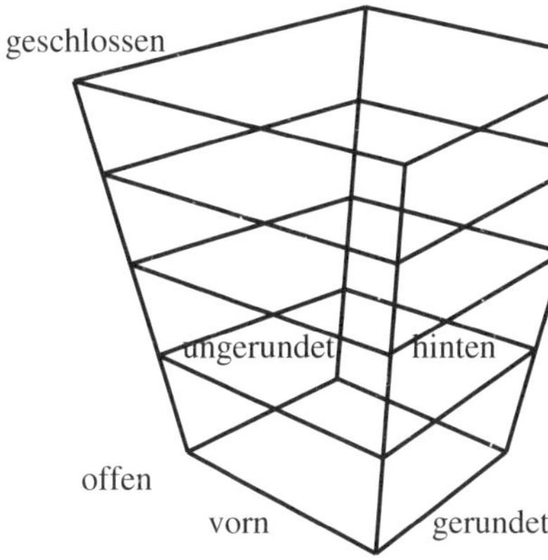

Abb. 2.3: „Vokalklotz" (nach Bußmann [4]2008)

Physikalisch bildet die Zunge durch ihre verschiedenen Positionen gemeinsam mit der Kieferstellung im Mund unterschiedliche Resonanzräume, die für den perzeptiven Klangeindruck der einzelnen Vokale verantwortlich sind. Übrigens handelt es sich bei den Kategorien und den schematischen Darstellungen wie in Abb. 2.2 und 2.3 um Idealisierungen; phonetisch messbar befindet sich die Zunge zwar annähernd in den entsprechenden Positionen, aber hier gibt es unter den Sprechern, selbst bei ein und demselben Sprecher, z.T. größere Streuungen.

2.3 Konsonantische Artikulation

Während Vokale also durch einen ungehinderten Luftstrom durch das Ansatzrohr gekennzeichnet sind und sowohl auditiv als auch physikalisch messbar eine hohe Schallfülle und nahezu kein Geräuschspektrum aufweisen, verhalten sich Konsonanten gewissermaßen komplementär dazu. Wie bereits gesagt, bilden die Artikulationsorgane stets irgendein Hindernis im Ansatzrohr, so dass es zu einem Stau der durchströmenden Luft bzw. zu einer Enge kommt. Dadurch sind die Geräuschanteile, d.h. unregelmäßige sich überlagernde Schwingungen des Schalls, teilweise recht hoch, und die Sonorität fällt gering aus. Bestimmte Konsonanten, nämlich Nasale und Liquide, besitzen jedoch ähnlich wie die Vokale eine hohe Sonorität und wenig Geräuschanteile. In Abb. 4 sieht man das Spektrogramm des Wortes *Schotte* [ʃɔtə] (männlicher Sprecher, südwestdeutscher Regionalstandard). Die senkrechten Linien im Vokal [ɔ] beschreibt Neppert ([4]1999: 105) als „die Hauptausschläge in den Perioden des Stimmklanges“, d.h. die Schwingungszyklen der Glottis. Sie sind bei langsam schwingenden Männerstimmen besonders gut zu erkennen. Die über dem Spektrogramm liegende Intensitätskurve zeigt den Verlauf der Lautstärke in Dezibel an, die der Schallfülle physikalisch entspricht. Diese Kurve erreicht zwei Maxima, und zwar jeweils in den Vokalen [ɔ] und [ə]. Demgegenüber ist die Schallintensität in den Konsonanten deutlich niedriger, wodurch sie als leiser wahrgenommen werden als die Vokale.

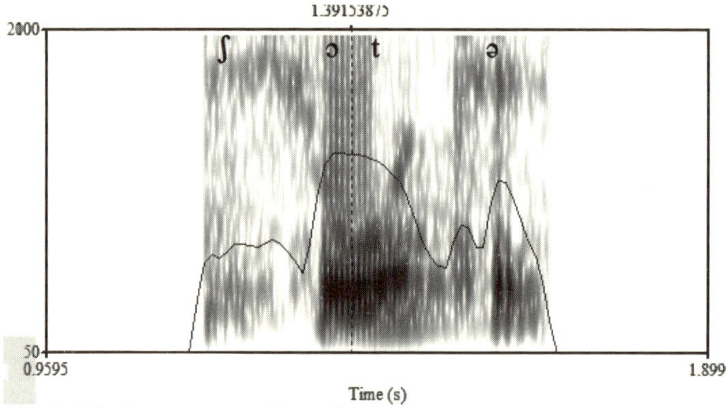

Abb. 2.4: Spektrogramm und Intensitätskurve des Wortes ***Schotte***

Wie bei den Vokalen, so gibt es auch bei den Konsonanten Beschreibungsparameter, mit denen jeder Laut eindeutig von allen anderen unterschieden werden kann. Da jedoch bei den Konsonanten nicht nur die Zunge, sondern auch Lippen, Zahndamm, Gaumen und andere Organe an der Artikulation beteiligt sind, benötigt man als einen Parameter den **Artikulationsort** bzw. die **Artikulationsstelle**. Dies ist der unbewegliche Bereich im Ansatzrohr, an dem ein konsonantischer Laut gebildet wird, und zwar mit dem sog. **Artikulator** als beweglichem Organ, der sich dem Artikulationsort annähert (vgl. Tab. 2.1 und Abb. 2.5). So kann z.B. die Zungenspitze leicht den Zahndamm hinter den oberen Schneidezähnen erreichen, die Unterlippe kann die Oberlippe berühren usw. Der Artikulator wird bei der Beschreibung eines Lautes i.d.R. nicht genannt; er ist redundant, weil es immer eine feste Kombination aus Artikulationsort und Artikulator gibt. Die Lautbildung erfolgt nämlich immer auf dem kürzesten Weg, ansonsten wäre sie anatomisch schwierig oder unmöglich. Ausdrücklich genannt wird der

Artikulator nur bei den Labiodentalen, da es auch dentale Laute gibt, die mit der Zungenspitze gebildet werden.

<table>
<tr><th colspan="2">Artikulationsort</th><th colspan="2">Artikulator</th></tr>
<tr><td>bilabial</td><td>Oberlippe</td><td rowspan="2">Unterlippe</td><td rowspan="2">labial</td></tr>
<tr><td>labiodental</td><td>obere Schneidezähne</td></tr>
<tr><td>dental</td><td>obere Schneidezähne</td><td rowspan="3">Zungenspitze</td><td rowspan="4">koronal</td></tr>
<tr><td>alveolar</td><td>Zahndamm</td></tr>
<tr><td>postalveolar oder palato-alveolar</td><td>zw. Zahndamm u. hartem Gaumen</td></tr>
<tr><td>retroflex</td><td>harter Gaumen</td><td>Zungenspitze (zurückgebogen)</td></tr>
<tr><td>palatal</td><td>harter Gaumen</td><td rowspan="3">Zungenrücken/Dorsum</td><td rowspan="3">dorsal</td></tr>
<tr><td>velar</td><td>weicher Gaumen</td></tr>
<tr><td>uvular</td><td>Zäpfchen</td></tr>
<tr><td>pharyngal</td><td>hintere Rachenwand</td><td>Zungenwurzel/Radix</td><td>radikal</td></tr>
<tr><td>glottal</td><td>Glottis</td><td>Stimmlippen</td><td></td></tr>
</table>

Tab. 2.1: Artikulationsorte und Artikulatoren (grau hinterlegte Felder sind für das Deutsche nicht relevant; die jeweiligen Fachbegriffe erscheinen fett gedruckt)

Konsonanten werden nach ihrer spezifischen **Artikulationsart** in Klassen eingeteilt. Das IPA führt acht verschiedene Konsonantenklassen auf: **Plosive, Nasale, Frikative, Vibranten, geschlagene Laute, Lateralfrikative, Approximanten** und **Lateralapproximanten**. Für das Deutsche sind lediglich die ersten vier Klassen sowie die Gruppe der Lateralapproximanten relevant, weshalb auch nur sie hier behandelt werden. Für die übrigen vergleiche Hall (2000) und Ladefoged (²2006).

- Plosive (**Verschlusslaute**) zeichnen sich dadurch aus, dass im oralen Trakt des Artikulationsraumes an einer bestimmten Stelle ein vollständiger Verschluss gebildet wird. Dadurch staut sich die Luft und es wird ein Druck erzeugt. Mit diesem Druck wird nach der **Verschlussphase** die Luft dann in der sog. **Lösungsphase** explosionsartig wieder freigegeben, wodurch der Laut erst hörbar wird. Bei stimmlosen Plosiven kann die Verschlusslösung von einer starken **Aspiration** (Behauchung) begleitet sein, nicht jedoch bei den stimmhaften. Beispiele für Plosive, die im Deutschen vorkommen, sind [p] (z.B. Post) und [b] (z.B. in Bett). Der erste ist stimmlos, der zweite stimmhaft.

- Frikative, oder **Reibelaute**, stellen die größte Klasse mit den meisten unterschiedlichen Lauten dar, nicht nur im Deutschen, sondern insgesamt in den Sprachen der Welt. Frikative können anders als alle anderen Konsonantenklassen an sämtlichen Artikulationsstellen gebildet werden, d.h. es gibt keine „weißen Flecken" bei den Artikulationsorten (vgl. auch die IPA-Tabelle im Anhang). Bei der Bildung eines Frikativs bilden die Artikulationsorgane eine Enge im Ansatzrohr, durch die die Luft, die aus der Lunge nach außen strömt, hindurchgedrückt wird. Aufgrund dieser Enge kann die Luft nicht mehr frei fließen, sondern verwirbelt, ähnlich wie an den Tragflächen eines Flugzeugs. Durch diese Verwirbelung und den erzeugten Druck kommt es auditiv zu einem Reibegeräusch, das auch akustisch messbar ist. Frikative sind daher keine sonoren Laute, sondern zählen zu den Geräuschlauten. Frikative des Deutschen sind z.B. [f] (*Feld*) oder [x] (*Dach*).
- Nasale werden in der Literatur auch als **nasale Verschlüsse** bezeichnet, obwohl ihre Artikulationsweise sich von derjenigen der Plosive doch deutlich unterscheidet. Der Grund für diese Bezeichnung ist eine totale Schließung des Oraltrakts durch Zunge (z.B. [n], *rein*) oder Lippen ([m], *Reim*), während die Luft durch die Nase ausströmt. Hierfür wird das **Velum**, das **Gaumensegel**, gesenkt, so dass die Luft in den Nasenraum strömen kann. Der Mund dient bis zu der Stelle, an welcher der Verschluss gebildet ist, als Resonanzraum, wodurch eine hohe Sonorität und der jeweils spezifische Klangeindruck entstehen.
- Bei Vibranten, die im Deutschen nur regional begrenzt vorkommen, und zwar in Form der gerollten *r*-Laute, handelt es sich artikulatorisch um einen intermittierenden (unterbrochenen) Verschluss, der mit schnellen und häufigen Unterbrechungen gebildet wird.
- Bei den Lateralapproximanten, kurz Laterale (auch Seitenlaute genannt), bildet nur die Zungenspitze einen Verschluss, während die Luft seitlich weiterströmt.

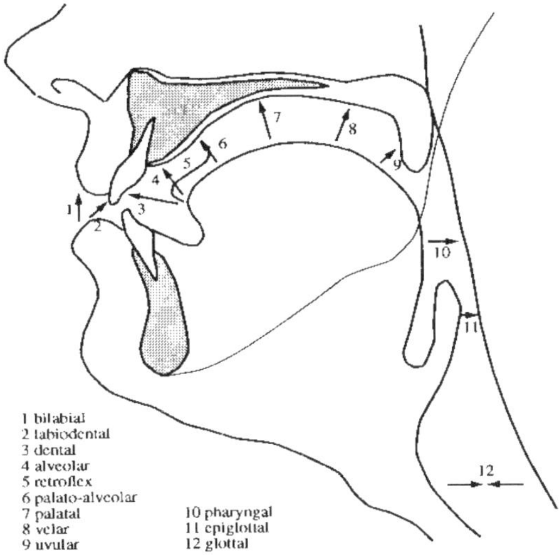

Abb. 2.5: Sagittalschnitt durch das Ansatzrohr, Artikulationsstellen (aus Pompino-Marschall [2]2003: 185); grau hinterlegte Orte kommen im deutschen Lautsystem nicht vor

Eine Klasse für sich stellen die sog. **Affrikaten** dar, bei denen es sich um doppelt artikulierte Laute handelt, bestehend aus Plosiv und anschließendem Frikativ. Beide Laute werden an derselben oder annähernd derselben Artikulationsstelle gebildet, d.h. sie sind **homorgan**. Um Affrikaten von Einzellauten zu unterscheiden, wird in der Transkription ein Bogen unter den Konsonantenzeichen notiert ([t͜s]); mitunter werden auch besondere Ligaturen verwendet, in denen die Zeichen dichter zusammenstehen ([ʦ]).

Als dritter Beschreibungsparameter neben Artikulationsort und -art wird angegeben, ob ein Konsonant stimmhaft oder stimmlos artikuliert wird. Wie in Abschnitt 2.1 bereits ausgeführt, wird die Luft bei stimmhaften Lauten durch die geschlossenen Stimmlippen gepresst, wodurch diese zum Schwingen gebracht werden, was wiederum den Stimmton erzeugt (Phonation). Bei stimmlosen Lauten bleiben die Stimmlippen gespreizt wie bei der Atmung. Die Stimmlippen können so nicht schwingen und die Phonation bleibt aus. Das Vibrieren der Stimmlippen kann übrigens leicht ertastet werden, indem eine Hand an den Kehlkopf gelegt wird und die Laute [f] (stimmlos) und [m] (stimmhaft) gesprochen werden.

Nicht alle Konsonanten können sowohl stimmhaft als auch stimmlos artikuliert werden. Nasale, Vibranten und Lateralapproximanten kommen in allen Sprachen i.d.R. nur stimmhaft vor. Die Plosive und Frikative dagegen, die man unter dem Begriff

Obstruenten zusammenfasst, haben gemeinsam, dass sie alle durch ein Hindernis im oralen Artikulationstrakt gebildet werden – daher der Ausdruck von lat. *obstruere* ‚versperren' – und sowohl stimmhaft als auch stimmlos vorkommen. Nasale und Laterale werden gemeinsam als **Sonoranten** bezeichnet; sie weisen unter den Konsonanten die höchste Sonorität auf (zum Begriff der Sonorität vgl. Kapitel 6) und der Luftstrom passiert das Ansatzrohr ohne geräuschbildendes Hindernis. Bei der Beschreibung der Sonoranten ist das Merkmal „stimmhaft" also redundant und muss nicht genannt werden.

2.4 Suprasegmentalia

Zu einem Lautsystem gehören nicht nur Vokale und Konsonanten, sondern auch solche Einheiten, die selbst keine Laute sind, sondern diesen übergeordnet sind, sog. **Suprasegmentalia**. Hierzu gehören in erster Linie die **prosodischen** Merkmale **Akzent**, **Intonation** und **Silbenschnitt** (Prosodie < griech. *pros odē* „das Dazugesungene"). In sog. Tonsprachen wie dem Chinesischen zählen auch bedeutungsunterscheidende Tonhöhen dazu. Bei den Suprasegmentalia handelt es sich um phonologisch relevante Phänomene, die sich in bestimmter Weise physikalisch manifestieren. Diese phonetischen Entsprechungen phonologischer Phänomene bezeichnet man als phonetische Korrelate. Ausführliche Erläuterungen zum Silbenschnitt finden sich im 6. Kapitel. Mit Akzent und Intonation einschließlich ihrer phonetischen Korrelate werden wir uns im 7. Kapitel näher befassen.

Zusammenfassung: Wir haben in diesem Kapitel die Grundlagen der Lautartikulation behandelt. Weiter wurden Lautklassen nach ihren artikulatorischen und teilweise auch akustischen Merkmalen unterschieden. Diese Merkmale bilden u.a. die Basis für die phonologische Systematisierung der Laute einer Einzelsprache.

Aufgabe 1: Welche Artikulationsorgane sind an der Sprachproduktion beteiligt? Machen Sie sich deren Aufgaben klar, indem sie versuchen, bei angehaltener Luft zu sprechen und zu flüstern bzw. zu sprechen, ohne die Zunge oder die Lippen zu bewegen.

Aufgabe 2: Beschreiben Sie die nachfolgenden Laute mit Hilfe der IPA-Tabelle (Beispiel: [i] = vorderer geschlossener ungerundeter Vokal; [b] =

stimmhafter bilabialer Plosiv): a. [k], b. [l], c. [ɔ], d. [ç], e. [y], f. [z], g. [ø], h. [ʃ], i. [ŋ], j. [a]

Aufgabe 3: Suchen Sie in der IPA-Tabelle das phonetische Symbol für die folgenden Konsonanten: a. velarer Nasal, b. stimmloser alveolarer Frikativ, c. stimmhafter labiodentaler Frikativ, d. stimmloser glottaler Plosiv, e. alveolarer Lateral, f. stimmloser velarer Frikativ, g. stimmloser postalveolarer Frikativ

Aufgabe 4: Beschreiben Sie möglichst genau die Artikulation folgender Laute: a. bilabialer Nasal, b. stimmloser velarer Plosiv, c. halb geschlossener gerundeter hinterer Vokal, d. stimmhafter alveolarer Frikativ, e. glottaler Plosiv

Aufgabe 5: Bestimmen Sie die Betonung folgender Wörter:
a. *Garten*, b. *Getreide*, c. *Papagei*, d. *Idee*, e. *laufen*, f. *Brokkoli*, g. *verstanden*, h. *vorkommen*, i. *Doktor*, j. *Doktoren*

Aufgabe 6: Worin unterscheiden sich die Wörter *Subjekt* (= Satzglied) und *Subjekt* (= Individuum) phonologisch? Fallen Ihnen weitere solcher Wortpaare ein?

Aufgabe 7: Bestimmen Sie, welche Konsonanten des Deutschen in den Sagittalschnitten angedeutet sind:

a) b) c) d)

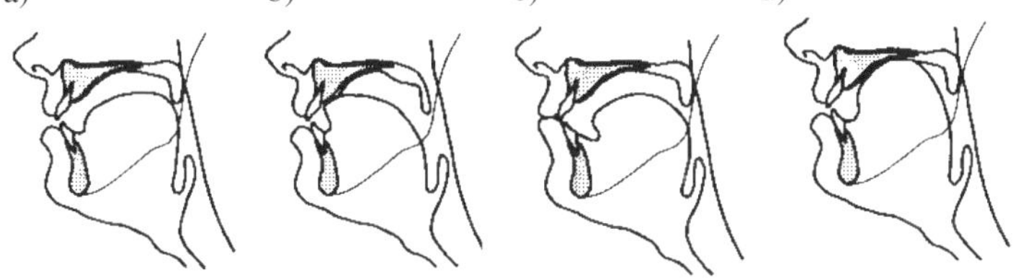

Grundbegriffe: Artikulation, Artikulator, Aspiration, Phonation, Ansatzrohr, Vokal, Konsonant, stimmhaft/stimmlos, Artikulationsstelle/Artikulationsort: bilabial, labiodental, alveolar, postalveolar, palatal, velar, uvular, glottal, Artikulationsart: Plosiv, Frikativ, Nasal, Lateral(approximant), Affrikata, homorgan, Suprasegmentalia, Akzent, Intonation.

Weiterführende Literatur: Becker (1998), Hall (2000), Pompino-Marschall ([2]2003), Ladefoged und Maddieson (2002), Ladefoged ([2]2006), Neppert (1999), Maas ([2]2006).

3. Phonologische Grundbegriffe

Zu Beginn des Einleitungskapitels haben wir die Frage gestellt, wie gesprochene Sprache auf der rein lautlichen Ebene beschrieben werden kann und im weiteren Textverlauf mit Begriffen wie Konsonant, Vokal oder Phonem operiert. Diese und weitere Begriffe der Phonologie werden in diesem Kapitel vorgestellt und erläutert. Damit wenden wir uns zugleich den Grundeinheiten der phonologischen Sprachbeschreibung zu.

3.1 Phonologische Einheiten

Auf den unterschiedlichen sprachlichen Beschreibungsebenen gibt es jeweils konstitutive Einheiten, die aufgrund sprachwissenschaftlicher Analysen als kleinste Einheiten isoliert werden können (vgl. Bußmann [4]2008). In der Phonologie sind dies die **Phoneme**. Sie werden im Allgemeinen als *kleinste bedeutungsunterscheidende Einheiten* eines Sprachsystems definiert. Im Unterschied zu den sog. **Phonen**, die wir als phonetische Einheiten im zweiten Kapitel behandelt haben, handelt es sich bei den Phonemen um in funktionaler Hinsicht spezifizierte Sprachsegmente, d.h. dass ihnen jeweils eine bestimmte Funktion innerhalb des Systems einer Einzelsprache zukommt. Neben diesen kleinsten Einheiten, denen wir uns im folgenden Abschnitt widmen werden, gibt es größere Spracheinheiten, wie die **Silbe**, den **Fuß** und das **phonologische Wort**. Diese Einheiten werden den phonologischen Teilgebieten der Silbenphonologie und der Prosodie zugeordnet, wir werden im sechsten und siebten Kapitel noch sehr eingehend auf sie zu sprechen kommen. An dieser Stelle genügt es zunächst, sie als Domänen bestimmter phonologischer Merkmale, wie Akzent und möglicher Lautabfolgen zu definieren. Außerdem sei schon einmal darauf hingewiesen, dass sich Phonem, Fuß, Silbe und phonologisches Wort in einer hierarchischen Abhängigkeit befinden, wobei das phonologische Wort die oberste Ebene darstellt und das Phonem die unterste.

3.2 Phone und Phoneme

Wenn man einzelnen Sprachlauten bedeutungsunterscheidende Funktion zuspricht, so meint dies zunächst, dass sich in der betreffenden Sprache Wörter finden lassen, die sich nur durch einen einzigen Laut und gleichzeitig in der Bedeutung unterscheiden. Ein Beispiel ist das Wortpaar *mein* [maɪn] und *dein* [daɪn]. Da die Substitution von [m] durch [d] zu einer anderen Wortbedeutung führt, handelt es sich bei diesen Lauten um Phoneme des Deutschen. Wortpaare, die dies anzeigen, werden **Minimalpaare** genannt, da sie sich in nur einem einzigen Sprachlaut unterscheiden. Phoneme können demnach durch die sog. **Minimalpaarprobe** ermittelt werden. Wenn unterschiedliche Laute in derselben lautlichen Umgebung vorkommen (i.e. in derselben Silbenposition, vor bzw. hinter denselben Nachbarlauten), stehen sie miteinander in **Kontrast**. Der Aspekt der Bedeutungsunterscheidung wird als **Opposition** bezeichnet: [m] und [d] in obigem Beispielpaar stehen demnach in Opposition und sie kontrastieren. Unterschiedliche Laute, die nicht zu einer Bedeutungsveränderung führen, stehen nicht in Opposition (im Deutschen z.B. die verschiedenen *r*-Laute, vgl. 3.3).

Wichtig ist, dass sich Minimalpaare *lautlich* durch genau ein Segment unterscheiden müssen, nicht jedoch in der Schreibung. Bei dem Beispiel *Fee* [feː] – *Reh* [ʁeː] handelt es sich um ein Minimalpaar mit kontrastierendem ersten Laut, [f] und [ʁ] sind also Phoneme. Gleichzeitig unterscheiden sich die *geschriebenen* Wörter im jeweils letzten Buchstaben, was jedoch keine Entsprechung in der Lautstruktur besitzt. Daher ist es richtig, in Bezug auf *Fee* und *Reh* von phonologischen Minimalpaaren zu sprechen, ungeachtet ihrer unterschiedlichen Schreibweisen.

Die Minimalpaarprobe ist lediglich *eine* Methode, um die Phoneme einer Sprache zu ermitteln, und sie stößt dort an ihre Grenzen, wo ein Phonem umgebungsbedingt nicht vorkommt, also auch kein Minimalpaar bilden kann. So ist es nicht möglich, am Ende eines Wortes durch Austausch eines anderen Lautes [h] als Phonem zu ermitteln, obwohl es sich hierbei eindeutig um ein Phonem des Deutschen handelt, wie die Minimalpaarprobe [haʊs] – [maʊs] belegt. [h] kommt nämlich niemals am Ende deutscher Wörter vor, sondern nur am Silbenanfang, vgl. *Haus*, *Uhu* (zum Silbenbegriff und den einzelnen Silbentypen vgl. Kapitel 6). Bei Phonemen wie /h/, die nicht in allen Umgebungen vorkommen können, spricht man von einer **defektiven Verteilung**.

3.3 Allophone und freie Varianten

Abweichend von den Phonemen gibt es Laute, deren Vorkommen in einer Sprache von ihren Umgebungslauten abhängt, die also nicht frei einsetzbar sind. Ein Beispiel ist das Lautpaar [x] und [ç]. Sie gelten im Deutschen nicht als eigenständige Phoneme, weil beide niemals in Kontrast zueinander stehen können; anders ausgedrückt: Minimale Wortpaare mit jeweils unterschiedlicher Bedeutung, wie etwa [lɪçt] und [lɪxt], gibt es im Deutschen nicht. Das liegt daran, dass der eine dieser beiden Laute, [ç], grundsätzlich nur nach Konsonanten und vorderen Vokalen vorkommen kann, während [x] nur nach hinteren Vokalen erscheint (vgl. hierzu auch Kapitel 5). Beide sind in dieser Verteilung (oder auch **Distribution**) nicht austauschbar. Da also der eine der beiden Laute ausschließlich in einer Umgebung vorkommt, in der der andere ausgeschlossen ist und umgekehrt, kann man davon sprechen, dass sich die Verteilungen beider Laute gegenseitig ergänzen. Im phonologischen Fachjargon heißt es, die Laute [ç] und [x] sind **komplementär distribuiert** bzw. stehen in komplementärer Distribution (dt.: ergänzende Verteilung). Aufgrund ihrer phonetischen Ähnlichkeit (stimmlose Frikative mit benachbartem Artikulationsort) und der ergänzenden Verteilung, werden solche Laute nicht als eigenständige Phoneme, sondern als **Allophone** eines gemeinsamen Phonems bezeichnet. So gelten [ç] und [x] als Allophone des Phonems /ç/. Hall (2000: 64) zufolge ist /ç/ und nicht /x/ als Phonem des Deutschen anzusetzen, da [ç] von beiden die weitere Verteilung besitzt (vgl. auch Kapitel 5.1). [ç] kommt außer nach vorderen Vokalen auch nach Sonoranten und am Wortanfang vor, [x] dagegen nur nach hinteren Vokalen (am Wortanfang nur in fremdsprachigen Eigennamen: span. *José*).

Ebenso wird das Phonem /n/ durch das Phon [n] realisiert, in bestimmten Umgebungen (worauf in Kapitel 5 näher eingegangen wird) auch durch [m], [ŋ] oder [ɱ], die gemeinsam mit [n] also Allophone von /n/ sind:

(1) a. Phonem /ç/ → Allophone [ç], [x]
vgl. [kyːçn̩] *Küchen* – [kuːxn̩] *Kuchen*
b. Phonem /n/ → Allophone [n], [m], [ŋ], [ɱ]
vgl. [hoːln̩] *holen* – [haːbm̩] *haben* – [zeːgŋ̍] *Segen* – [ʁuːfɱ̍] *rufen*

Je nachdem, ob man sich auf der phonetischen oder der phonologischen Beschreibungsebene befindet, kann die Notationsweise in der Umschrift variieren, vgl. die Umschriften des Wortes *Rauch*:

(2) a. phonologisch: /ʁaʊç/
b. phonetisch: [ʁaʊx]

Der Grund hierfür lautet, dass es phonologisch unerheblich ist, mit welchem seiner Allophone ein Phonem in der konkreten Äußerung realisiert wird. Phonologisch werden grundsätzlich die Phoneme dargestellt, auch wenn lautliche Merkmale dabei unterschlagen werden. Bei der phonetischen Beschreibung jedoch geht es gerade um die tatsächlich geäußerten Phone, die in der Transkription wiedergegeben werden müssen. Allerdings gibt es in der Phonetik die Unterscheidung zwischen einer **weiten** (3a) und einer **engen Transkription** (3b) (aus Pompino-Marschall ^{2}2003: 268ff.).

(3) a. [a͜ɪnst ˈʃtrɪtn̩ zɪç ˈnɔrtvɪnt ʊnt ˈzɔnə]
b. [ʔa͜ɪnsˈʃtrɪtn̩zɪçˈnɔ͜ɐtvɪntʊnˈzɔnə]

Wie man sieht, sind in (3b) viele Details notiert, die in (3a) weggelassen sind. Andererseits notiert die weite Transkription auch Wortgrenzen, obwohl sie phonetisch keine Substanz besitzen, sie dienen nur der besseren Lesbarkeit. Man kann sagen, dass die enge Transkription im eigentlichen Sinne phonetisch ist, während sich die weite schon stark in Richtung einer phonologischen Darstellungsweise bewegt. Welche Transkriptionsweise gewählt wird, hängt vom Untersuchungsgegenstand ab.

Da wir uns hier vorwiegend mit der deutschen Standardsprache befassen, tun wir so, als wäre das Lautsystem des Deutschen einheitlich. Dabei gibt es in einzelnen Varietäten des Deutschen, z.B. in Dialekten oder Soziolekten, z.T. abweichende Phonemsysteme. Dies bedeutet, dass verschiedene Sprechergruppen durchaus unterschiedliche Laute für ein und dasselbe Phonem realisieren können, ohne dass sich die Bedeutung eines Wortes ändert. Der prominenteste Vertreter dieses Phänomens ist das bereits erwähnte Phonem /ʁ/, das in der deutschen Sprache durch drei unterschiedliche Phone artikuliert werden kann, nämlich als uvularer Frikativ [ʁ], als uvularer Vibrant [ʀ] und als alveolarer Vibrant [r]. Die Laute sind dabei frei austauschbar. So ist es für die Bedeutung unerheblich, ob ein Sprecher das Wort <rot> als [ʁo:t], [ʀo:t] oder [ro:t] realisiert. Auch hierbei handelt es sich um Allophone eines gemeinsamen Phonems /ʁ/, wobei hier die Allophone in **freier Variation** stehen, insofern als ihr Vorkommen durch keine phonologische Bedingung bestimmt wird, sondern ausschließlich regional bedingt ist. Übrigens wird für das Phonem in den meisten Darstellungen der alveolare Vibrant /r/ gewählt, vielleicht, da er orthoepisch den Standardlaut darstellt oder weil das Zeichen einfacher zu notieren ist. In diesem Buch wird grundsätzlich der Frikativ ([ʁ]) als Phonem angesetzt, weil er der im heutigen Standarddeutschen verbreiteteste Laut ist.

3.4 Distinktive Merkmale

Phoneme werden häufig als kleinste bedeutungsunterscheidende Spracheinheiten bezeichnet. Weiter oben haben wir in diesem Zusammenhang davon gesprochen, dass dies jedoch lediglich *eine* Definitionsmöglichkeit darstellt; in der durch Chomsky begründeten generativen Sprachwissenschaft werden Phoneme als Bündel distinktiver Merkmale klassifiziert (Chomsky/Halle 1968). In Kapitel 2 wurden anhand bestimmter Merkmale Lautklassen beschrieben, in denen einzelne Phone zusammengefasst werden. Diese Merkmale stellen in der systematischen Beschreibung der Laute einer Sprache eine zentrale Größe dar, weshalb wir uns ihnen im Folgenden etwas näher zuwenden wollen. Anzumerken ist noch, dass die Merkmale überwiegend eine artikulatorische Basis haben. Phonetik und Phonologie greifen in diesem Bereich stark ineinander.

Der Übersichtlichkeit halber werden distinktive Merkmale in der Literatur subklassifiziert. Danach gibt es solche Merkmale, die die sog. „Oberklassen" voneinander differenzieren und solche, die innerhalb dieser Klassen Unterscheidungen vornehmen. Darüber hinaus müssen wir **binäre** Merkmale (d.h. entweder das Merkmal ist vorhanden oder es ist nicht vorhanden; z.B. Stimmhaftigkeit) von sog. **privativen** Merkmalen unterscheiden (ein Merkmal aus einer Liste von mehreren möglichen ist vorhanden, z.B. ein bestimmter Artikulationsort). Distinktive Merkmale dienen insbesondere dazu, die Laute einer bestimmten Sprache eindeutig voneinander abzugrenzen und sie in bestimmte Klassen einzuteilen. Hierdurch kann man die Beschreibung der Laute stark ökonomisieren, wie wir unten noch sehen werden. Wir beschränken uns daher auf diejenigen Merkmale, die für die deutsche Sprache relevant sind. Die Darstellung folgt weitgehend Hall (2000: 101ff.); für eine ausführliche Beschreibung sämtlicher distinktiver Merkmale vgl. ebd.

Oberklassenmerkmale:

[± **konsonantisch**] ([± **kons**]): Dieses Merkmal unterscheidet die beiden Oberklassen der Konsonanten und Vokale; Konsonanten sind [+ kons], Vokale [– kons]. Phonetisch ist das Merkmal dadurch definiert, dass bei Lauten mit dem Merkmal [+ kons] der Luftstrom im Ansatzrohr in irgendeiner Weise behindert wird, entweder durch einen Verschluss (Plosive, Nasale, Lateral) oder eine Engebildung (Frikative). Bei Lauten mit dem Merkmal [– kons] kann die Luft dagegen ungehindert durch das Ansatzrohr nach außen strömen.

[± **sonorantisch**] ([± **son**]): Nachdem wir nun die Klasse der Konsonanten herausgestellt haben, benötigen wir weitere Merkmale, um sie voneinander abzugrenzen. Das Merkmale [son] trennt Laute, die grundsätzlich stimmhaft sind von solchen, die sowohl stimmhaft als auch stimmlos vorkommen. [+ son] sind alle sonorantischen Konsonanten wie Nasale und Liquide, daneben aber auch die Klasse der Vokale. Obstruenten, also Plosive, Frikative und Affrikaten sind [– son].

[± **approximantisch**] ([± **appr**]): Approximantische Laute bilden weder einen totalen Verschluss noch eine Enge, d.h. die Artikulationsorgane nähern sich einander an, ohne sich zu berühren. Dies ist bei Lateralen der Fall (der teilweise Verschluss bleibt hier unberücksichtigt). Dadurch ist es möglich, innerhalb der sonorantischen Konsonanten die Nasale ([– appr]) von den Lateralen ([+ appr]) zu unterscheiden.

Mithilfe der bisher besprochenen Merkmale können nun die Oberklassen eindeutig voneinander unterschieden werden (Hall 2000: 106).

	Obstruenten	Nasale	Laterale	Vokale
[kons]	+	+	+	–
[son]	–	+	+	+
[appr]	–	–	+	+

Tab. 3.1: Oberklassen und ihre distinktiven Merkmale

Um nun weitere Lautunterscheidungen vornehmen zu können, z.B. zwischen Plosiven und Frikativen, stimmhaften und stimmlosen Obstruenten oder den verschiedenen vokalischen Unterklassen, benötigen wir aber noch weitere Merkmale.

Konsonantische Merkmale:

[± **kontinuierlich**] ([± **kont**]): Wird der Luftstrom vollständig unterbrochen, so dass sich die Luft vor dem Hindernis staut, sprechen wir von nicht kontinuierlichen Lauten ([– kont]). Dies ist ausschließlich bei Plosiven der Fall, so dass wir mit diesen Merkmalen innerhalb der Obstruenten die Plosive von den Frikativen unter scheiden können.

[± **stimmhaft**] ([± **sth**]): Stimmhafte Obstruenten haben die phonetische Eigenschaft, dass die Stimmbänder so eng aneinander liegen, dass die durchströmende Luft eine Vibration erzeugt. Vokale und Sonoranten sind immer [+ sth], was auch durch das Merkmal [+ son] ausgedrückt wird. Das Merkmal [sth] wird aber benötigt, um stimmlose von stimmhaften Obstrenten zu unterscheiden.

[± **nasal**] ([± **nas**]): Oben haben wir gezeigt, dass das Merkmal [son] zwei Lautgruppen innerhalb der Klasse der Konsonanten trennt, nämlich die Obstruenten und die Sonoranten. Die letzte Gruppe setzt sich aus den Liquiden /l/ und /r/ und den Nasalen /m/, /n/ und /ŋ/ zusammen. Zur Unterscheidung der beiden Gruppen eignet sich das Merkmal [nas]. Alle Nasallaute, die [+ nas] sind, werden mit gesenktem Velum artikuliert und der Luftstrom entweicht durch die Nase. Dagegen besitzen die oral gebildeten Liquide das Merkmal [– nas].

[± **hinten**] ([± **hint**]): Bei Konsonanten unterscheidet dieses Merkmale die Position des Dorsums gegenüber der Ruhestellung. Einige Konsonanten werden mit zurückverlagertem Dorsum gebildet [+ hint], im Deutschen sind dies die velaren und uvularen Laute [k, g, ŋ, x, ʁ]. Die palatalen Frikative, die mit vorverlagertem Dorsum artikuliert werden, sind [– hint]. Die Allophone [x] und [ç] unterscheiden sich nur in diesem Merkmal voneinander. [± hint] wird auch für die Beschreibung von Vokalen verwendet, s.u.

[± **anterior**] ([± **ant**]): Ähnlich dem vorigen Merkmal unterscheidet [ant] einen vorderen bzw. hinteren Artikulationsort, und zwar Zahndamm (Alveolen, [+ ant]) gegenüber dem postalveolaren Bereich direkt hinter dem Zahndamm ([– ant]). Hierdurch lassen sich im Deutschen die Frikative [s, z] ([+ ant]) von [ʃ, ʒ] ([– ant]) differenzieren.

Vokalische Merkmale:

[± **gespannt**] ([± **gesp**]): Vokale mit dem Merkmal [+ gesp] werden mit einer stärkeren Muskelspannung artikuliert. Gleichzeitig befindet sich die Zunge innerhalb des vokalischen Artikulationsraumes weiter an der Peripherie als bei Lauten mit dem Merkmal [– gesp]. Das Merkmal [gesp] differenziert die im Deutschen paarweise auftretenden Vokale wie [i] und [ɪ], [u] und [ʊ]. Wie wir in Kapitel 6 noch intensiv besprechen werden, weisen [+ gesp] Vokale im Deutschen bei Betonung gleichzeitig eine größere Dauer auf als Vokale mit dem Merkmal [– gesp].

[± **rund**]: Die Vokale [e] und [ø] werden annähernd an der gleichen Artikulationsstelle gebildet, ebenso [i] und [y]. Um sie unterscheiden zu können, verwendet man das Merkmal [rund], das eine gerundete gegenüber einer gespreizten Lippenstellung bezeichnet. Folgende Vokale des Deutschen sind [+ rund]: [y, ʏ, ø, œ, u, ʊ, o, ɔ], alle übrigen [– rund].

[± **hinten**] ([± **hint**]): Der vokalische Artikulationsraum, der in dem Vokalviereck (Abb. 2.3) dargestellt ist, wird in einen vorderen, mittleren und hinteren Bereich unterteilt. Vokale, bei denen das Dorsum der Zunge aus der Ruhestellung nach hinten verlagert wird, sind [+ hint], solche mit vorverlagertem Dorsum [– hint].

[± **vorn**]: Dieses Merkmal ist spiegelverkehrt zu dem vorigen und damit scheinbar redundant, da ja [+ hint] Vokale gleichzeitig [– vorn] sind und umgekehrt; es gibt aber Vokale, die gleichzeitig [– hint] und [– vorn] artikuliert werden, nämlich die zentralen Vokale. Im Deutschen sind dies [ə] und [ɐ], die sich voneinander durch die folgenden Merkmale unterscheiden lassen.

[± **hoch**] und [± **tief**]: In Ruheposition nimmt das Dorsum eine neutrale Stellung ein. Demgegenüber können Vokale durch eine Anhebung ([+ hoch]) oder Absenkung ([+ tief]) des Dorsums artikuliert werden. Beide Merkmale unterscheiden z.B. die Vokale [y] und [ø] voneinander, die beide [+ vorn], [+ gesp] und [+ rund] sind: [y] ist [+ hoch], [ø] dagegen [– hoch]. Das Merkmal [± tief] unterscheidet die beiden Reduktionsvokale [ə] ([– tief]) und [ɐ] ([+ tief]).

Privative Merkmale:

Neben den bisher besprochenen binären Merkmalen gibt es die privativen Merkmale, welche den genauen Artikulationsort eines Lautes angeben. Danach werden die Konsonanten in [bilabial], [labiodental], [alveolar], [postalveolar], [palatal], [velar], [uvular] und [glottal] unterschieden, die Vokale in [geschlossen], [halb geschlossen], [halb offen] und [offen]; die einzelnen Artikulationsorte haben wir im zweiten Kapitel bereits vorgestellt. Privative Merkmale beziehen sich darüber hinaus auf den Artikulator, d.h. den beweglichen Teil der am Artikulationsprozess beteiligten Organe:

[**labial**] ([**lab**]): Labiale Laute werden mit den Lippen artikuliert. Entweder sind beide Lippen beteiligt (bei den bilabialen Konsonanten [p, b, m]) oder die Unterlippe (bei den Labiodentalen [f, v]).

[**koronal**] ([**kor**]): Laute, die mit der Zungenspitze oder dem Zungenkranz artikuliert werden, das sind im Deutschen die alveolaren und postalveolaren Konsonanten, nennt man koronal (< lat. *korona* = ‚Kranz‘).

[**dorsal**] ([**dor**]): Dorsale Laute werden mit dem Dorsum, d.h. dem Zungenrücken gebildet.

[**glottal**] ([**glot**]): Als viertes privatives Merkmal ist für den deutschen Konsonantismus das Merkmal [glottal] relevant.

Privative Merkmale sind notwendig, um die einzelnen Laute einer Lautklasse, z.B. die Nasale (4) und Plosive (5), voneinander zu unterscheiden.

(4) [m] : [+ kons] [+ nas] [bilabial]
[n] : [+ kons] [+ nas] [alveolar]
[ŋ] : [+ kons] [+ nas] [velar]

(5) [p] : [– kons] [– son] [– sth] [– kont] [lab]
[t] : [– kons] [– son] [– sth] [– kont] [kor]
[k] : [– kons] [– son] [– sth] [– kont] [dor]
[ʔ] : [– kons] [– son] [– sth] [– kont] [glot]

Mithilfe der hier vorgestellten Merkmale, die in den Tabellen 3.2 bis 3.4 noch einmal in der Übersicht dargestellt sind, lässt sich das deutsche Phonemsystem mit seinen Regeln und Prozessen (Kapitel

5) eindeutig beschreiben. Zu weiteren Merkmalen für die Beschreibung anderer Sprachen vgl. ausführlich Hall (2000: 104 ff.).

	i	ɪ	y	ʏ	e	ɛ	ø	œ	u	ʊ	o	ɔ	a	ɑ	ə	ɐ
kons	–	–	–	–	–	–	–	–	–	–	–	–	–	–	–	–
rund	–	–	+	+	–	–	+	+	+	+	+	+	–	–	–	–
gesp	+	–	+	–	+	–	+	–	+	–	+	–	+	–	–	–
hint	–	–	–	–	–	–	–	–	+	+	+	+	–	+	–	–
vorn	+	+	+	+	+	+	+	+	–	–	–	–	+	–	–	–
hoch	+	+	+	+	–	–	–	–	+	+	–	–	–	–	–	–
tief	–	–	–	–	–	–	–	–	–	–	–	–	+	+	–	+

Tab. 3.2: Übersicht über die deutschen Vokale und ihre Merkmale

	p	b	t	d	k	g	ʔ	f	v	s	z	ʃ	ʒ	ç	x	ʁ	h
kons	+	+	+	+	+	+	+	+	+	+	+	+	+	+	+	+	+
son	–	–	–	–	–	–	–	–	–	–	–	–	–	–	–	–	–
sth	–	+	–	+	–	+	–	–	+	–	+	–	+	–	–	+	–
kont	–	–	–	–	–	–	–	+	+	+	+	+	+	+	+	+	+
Lab	√	√						√	√								
Kor			√	√						√	√	√	√				
ant			+	+						+	+	–	–				
Dor					√	√								√	√	√	
hint					+	+								–	+	+	
Glot							√										√

Tab. 3.3: Übersicht über die deutschen Obstruenten und ihre Merkmale (das Vorhandensein eines privativen Merkmal wird mit einem „√" gekennzeichnet)

	m	n	ŋ	l	r
kons	+	+	+	+	+
son	+	+	+	+	+
sth	+	+	+	+	+
nas	+	+	+	–	–
kont	–	–	–	–	+
Lab	√				
Kor		√		√	√
Dor			√		

Tab. 3.4: Übersicht über die deutschen Sonoranten und ihre Merkmale

Oben wurde bereits gesagt, dass in der generativen Linguistik (Chomsky/Halle 1968) Phoneme als Merkmalsbündel dargestellt werden; i.d.R. beschränkt man sich dabei auf die kleinstmögliche Menge von Merkmalen, um einen Laut in dem betreffenden Kontext eindeutig darzustellen, vgl. (6). So ist es z.B. redundant, stimmlose Obstruenten neben [– son] gleichzeitig als [+ kons] auszuweisen, da nicht sonore Laute immer Konsonanten sind. Daher wird das Merkmal [+ kons] in solchen Fällen weggelassen. In (6a) ist die maximale Merkmalsliste dargestellt, mit der man [t] beschreiben kann, in (6b) die notwendige Liste unter Auslassung der redundanten Merkmale (Laute mit dem Merkmal [– kont] und [– sth] sind immer auch [+ kons] und [– son]).

(6) a. [t] : $\begin{bmatrix} +\text{kons} \\ -\text{son} \\ -\text{sth} \\ -\text{kont} \\ \textsc{Kor} \end{bmatrix}$ b. [t] : $\begin{bmatrix} -\text{sth} \\ -\text{kont} \\ \textsc{Kor} \end{bmatrix}$

Hall (2000: 104) fasst die zentralen Eigenschaften distinktiver Merkmale in vier Prinzipien zusammen:

1. Merkmale erfassen natürliche Klassen.
2. Merkmale erfassen alle Kontraste in den Sprachen der Welt.
3. Merkmale haben phonetische Definitionen.
4. Merkmale sind entweder binär oder privativ.

Das erste Prinzip wird uns im nachfolgenden Abschnitt noch beschäftigen, mit dem 3. und 4. haben wir uns oben bereits befasst. Halls zweites Prinzip bedarf einer kurzen Erklärung: Merkmale müssen so definiert sein, dass jeder in den Sprachen der Welt vorkommende Laut eindeutig von allen anderen Lauten unterschieden werden kann. Sie dürfen sich also nicht auf das System einer Einzelsprache beschränken. Daher gibt es eine Vielzahl von Merkmalen, wie oben z.T. auch dargestellt, die für einzelne Sprachen keine Relevanz besitzen, z.B. das Merkmal [± retroflex] für das Deutsche.

3.5 Natürliche Klassen

Je ähnlicher sich zwei Laute sind, desto weniger Beschreibungsparameter sind notwendig, um sie eindeutig voneinander zu unterscheiden. Wir können uns dies an einem Bild verdeutlichen: Im Straßenverkehr sind verschiedene Fortbewegungsmittel unterwegs. Zunächst könnte man mit wenig Aufwand die Kraftfahrzeuge von den Schienen- und den nicht motorisierten Fahrzeugen unterscheiden. Weiterhin lässt sich die erste Gruppe in Krafträder und Kraftwagen untergliedern, letztere wiederum in Nutz- und Personenkraftwagen. Einigen Beschreibungsaufwand müsste man dann aufwenden, um die Limousinen von den Kleinwagen zu trennen usw. Bei der phonologischen Lautklassifikation verhält es sich ganz ähnlich.

Für die Klassifikation von Lauten nutzen wir, wie oben gesehen, distinktive Merkmale. Gleichzeitig können wir mit ihnen Klassen von Lauten zusammenfassen, welche bestimmte Merkmale gemeinsam haben. Machen wir uns dies am Beispiel des stimmlosen alveolaren Plosivs [t] deutlich: Es handelt sich zunächst um einen Konsonanten ([+ kons]), so dass wir ihn gemeinsam mit allen anderen Konsonanten von den Vokalen ([– kons]) abgrenzen können. Innerhalb der Konsonantenklasse gehört er zu den [– son] Lauten, ist also ein Obstruent. Das Merkmal [– kont] weist ihn unter den Obstruenten als Plosiv aus, was durch [– sth] weiter spezifiziert wird. Durch das privative Merkmal [KOR] schließlich können wir den Laut eindeutig beschreiben. Wir benötigen also 5 Merkmale für die Beschreibung dieses Lautes, wobei die ersten beiden Merkmale ([+ kons], [– son]) redundant sind: Durch [–kont] und [–sth] ist nämlich gleichzeitig ausgesagt, dass es sich nur um einen stimmlosen Plosiv handeln kann. In (7) sind die Merkmale, die den Laut beschreiben, aufgelistet. In Klammern dahinter steht die Lautklasse, die so erfasst wird. Die Merkmale grenzen von oben nach unten immer weiter ein, bis schließlich der Einzellaut eindeutig beschrieben ist. Die Lautklassen, die durch die Merkmale erfasst werden, werden in der Phonologie „natürliche Klassen" genannt.

(7) [t] :	[+ kons]	(alle Konsonanten: [p,b,t,d,k,g,ʔ,f,v,s,z,ʃ,ʒ,ç,x,ʁ,h,m,n,ŋ,l])
	[– son]	(alle Obstruenten: [p,b,t,d,k,g,ʔ,f,v,s,z,ʃ,ʒ,ç,x,ʁ,h])
	[– kont]	(Plosive: [p,b,t,d,k,g,ʔ])
	[– sth]	(stimmlose Plosive: [p,t,k,ʔ])
	[KOR]	(koronal artikulierter stimmloser Plosiv = [t])

Eine natürliche Klasse bilden Laute einer Sprache dann, wenn weniger Merkmale zur Beschreibung der Klasse notwendig sind als zur Beschreibung der Einzellaute. So bilden im Deutschen die vorderen Vokale, die Obstruenten oder die stimmlosen Plosive natürliche Klassen, um nur einige Beispiele zu nennen.

Zusammenfassung: Während es im zweiten Kapitel um die phonetischen Grundbegriffe ging, haben wir uns hier mit den zentralen phonologischen Begriffen und Grundlagen beschäftigt. Dabei haben wir gesehen, dass die Systematik einer phonologischen Darstellung sehr stark theorieabhängig ist. Es sollte ebenfalls deutlich geworden sein, dass die phonologischen Grundlagen stark auf der Phonetik aufbauen, indem z.B. artikulatorische Merkmale für die Beschreibung von Klassen und Einzellauten verwendet werden.

Aufgabe 1: Überlegen Sie, weshalb die Phone [h] und [ŋ], die im Deutschen komplementär distribuiert sind, trotzdem keine Allophone eines gemeinsamen Phonems sein können.
Aufgabe 2: Unterscheiden Sie die folgenden Laute paarweise mithilfe der distinktiven Merkmale (Bsp.: [b] und [p] – [+ stimmhaft], [– stimmhaft]): [p] und [m], [n] und [l], [a] und [f], [f] und [l].
Aufgabe 3: Beschreiben Sie folgende Lautklassen mit der kleinstmöglichen Menge distinktiver Merkmale: Vokale, Nasale, stimmhafte Obstruenten, Frikative.
Aufgabe 4: Versuchen Sie in einer Partnerübung abwechselnd Laute zu erraten, indem Sie die distinktiven Merkmale erfragen. Das Ziel ist es, möglichst wenig Fragen zu stellen.
Aufgabe 5: Welche Laute bzw. Lautgruppen werden durch die folgenden Merkmale beschrieben: [+ kons, + son], [+ kons, – son, + kont], [+ son, – kons], [+ kons, – son, – sth], [+ appr].

Grundbegriffe: Phon, Phonem, Allophon, Silbe, Fuß, phonologisches Wort, Oberflächenform, zugrundeliegende Form, konkrete Äußerungsform, Minimalpaar, freie Variation, Opposition, Kontrast, defektive Verteilung, Distribution, komplementäre Distribution, Vokal, Konsonant, Suprasegmentalia, distinktives Merkmal, binäres vs. privatives Merkmal, natürliche Klasse.

Weiterführende Literatur: Chomsky/Halle (1968), Hall (2000), Ladefoged (2006), Pompino-Marschall (^{2}2003).

4. Das Lautsystem der deutschen Sprache

In den vorigen Kapiteln haben wir die phonetischen und phonologischen Grundlagen behandelt, die zur Beschreibung eines Lautsystems notwendig sind. Wir wenden uns nun der deutschen Sprache zu und schauen uns an, wie die vorkommenden Laute systematisch zu beschreiben sind, wobei wir zunächst das Vokalsystem betrachten und danach die Konsonanten. In der phonologischen Beschreibung einer Einzelsprache genügt es allerdings nicht, die phonetischen Merkmale der einzelnen Laute zu analysieren und in einem Schema abzubilden; wie bereits diskutiert geht es in der Phonologie v.a. auch um die Frage, welche Funktion die einzelnen Laute in der betreffenden Sprache ausüben und welchen Regularitäten sie unterliegen, weshalb die Phonologie auch als funktionale Phonetik bezeichnet wird.

4.1 Vokalsystem

Das Standarddeutsche besitzt 16 Vokalphone (1). Über die Anzahl der Vokale des Deutschen herrscht in der Fachliteratur keineswegs Einigkeit; Neef (2005) weist für 22 einschlägige Arbeiten 15 unterschiedliche Vokalinventare nach, von denen die Mehrheit von 15 Vokalen ausgeht. Demgegenüber nehmen wir zusätzlich den tiefen zentralen Laut [ɐ] in das System mit auf, die Erläuterungen hierfür folgen weiter unten in diesem Kapitel.

(1) [o, ɪ, a, ø, ɐ, e, ʏ, i, ɑ, ɔ, u, y, ʊ, ɛ, ə, œ]

Eine vorläufig erstellte Liste, wie die unter (1), ist zwar vollständig, aber gänzlich ungeordnet: Es fehlt eine Systematik. Um zu einer brauchbaren Ordnung zu gelangen, muss man allerdings bereits etwas über das Vokalsystem wissen. Wir setzen daher an dieser Stelle einige Fakten voraus und werden an ihnen die Systematik entwickeln.

Für eine erste Annäherung unterteilen wir die Vokale in sogenannte **Vollvokale** und **Reduktionsvokale** (2a+b). Vollvokale besitzen gegenüber den Reduktionsvokalen ein volles vokalisches Spektrum und sind betonbar.

(2) a. Vollvokale: [o, ɪ, a, ø, e, ʏ, i, ɑ, ɔ, u, y, ʊ, ɛ, œ]
b. Reduktionsvokale: [ɐ, ə]

Im nächsten Schritt orientieren wir uns an dem aus dem zweiten Kapitel bekannten Vokalviereck (Abb. 2.2), womit wir darstellen können, an welchen Positionen die einzelnen Vokale gebildet werden. Die artikulatorische Phonetik liefert also eine Grundlage für die Systematisierung des Lautinventars.

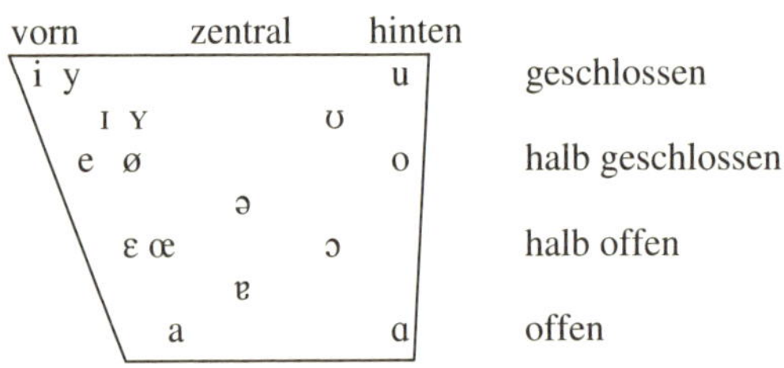

Abb. 4.1: Vokalviereck des Standarddeutschen

Mithilfe der im vorigen Kapitel vorgestellten distinktiven Merkmale können wir die Vokale des Deutschen nach ihrer horizontalen Zungenposition zunächst in drei Gruppen einteilen (3).

(3)	[+ vorn] [– hint]:	[a, ɪ, ø, e, ʏ, i, y, ɛ, œ]
	[– vorn] [+ hint]:	[ɑ, o, ɔ, u, ʊ]
	[– vorn] [– hint]:	[ɐ, ə]

Für eine weitere Differenzierung ist es sinnvoll, die vorderen und hinteren Laute nach ihrer vertikalen Zungenposition anzuordnen:

(4)		[+ vorn]:	[+ hint]:
	geschlossen:	[i, ɪ, y, ʏ]	[u]
	halb geschlossen	[e, ø]	[o, ʊ]
	halb offen	[ɛ, œ]	[ɔ]
	offen:	[a]	[ɑ]

Schließlich kann man die vorderen Vokale danach unterscheiden, ob die Lippen während der Artikulation gespreizt oder gerundet sind (5). Die hinteren Vokale sind im Deutschen – bis auf [ɑ] – grundsätzlich gerundet.

(5)	vordere Vokale	
	geschlossen, gespreizt:	[i, ɪ]
	geschlossen, gerundet:	[y, ʏ]
	halb geschlossen, gespreizt:	[e]
	halb geschlossen, gerundet:	[ø]
	halb offen, gespreizt:	[ɛ]
	halb offen, gerundet:	[œ]

Wenn wir uns das Vokalviereck des Deutschen in Abb. 4.1 ansehen, fällt im Übrigen auf, dass nicht sämtliche mögliche Positionen belegt sind; so gibt es im Standarddeutschen (in den Dialekten sieht es z.T. anders aus) beispielsweise bis auf den tiefen Vokal ([ɑ]) keine ungerundeten hinteren Vokale. In zentraler Position gibt es, anders als in einigen anderen Sprachen, keine geschlossenen Laute. Das Deutsche weist hier lediglich den Schwavokal auf, der in vollkommen neutraler Zungenlage artikuliert wird (weder geschlossen noch offen, weder vorn noch hinten) sowie das etwas tiefer liegende [ɐ].

In Bezug auf [ɑ] und [a] herrscht in der Fachliteratur Uneinigkeit; nicht alle Autoren nehmen hier zwei Qualitäten an, häufig wird nur ein Längenunterschied konstatiert. Auch über die Zungenlage (entweder vorn bzw. hinten oder zentral) gibt es keinen Konsens, vgl. auch Hall (2000: 34). Wir klassifizieren sie hier als qualitativ unterschiedlich mit den Artikulationsorten offen/vorn ([a]) und offen/hinten ([ɑ]).

Bis jetzt erfolgte die Klassifikation der deutschen Vokale einzig aufgrund des Artikulationsortes jedes einzelnen Lautes, also mithilfe eines rein phonetischen Beschreibungsparameters. Es ist jedoch wichtig, sie auch phonologisch, also im Hinblick auf ihre distinktive Funktion, zu klassifizieren. Indem wir dies tun, verlassen wir die phonetische Beschreibungsebene und wenden uns den phonologisch bedeutsamen Merkmalen zu.

Im Deutschen können wir Minimalreihen bilden wie *Robe – Rübe – Rabe – Rebe*. Diese Wörter besitzen jeweils eine andere Bedeutung und sie unterscheiden sich in genau einem Merkmal, nämlich der Qualität des Vokals der betonten Silbe. Wir können also feststellen, dass es sich bei /o/, /y/, /a/ und /e/ um Vokalphoneme handelt, ebenso wie /ø/ und /i/, wie weitere Minimalpaare ergeben würden. Daneben gibt es im Deutschen Wortpaare wie *Robe – Robbe* oder *beten – Betten*, die sich in mindestens zwei Merkmalen unterscheiden, der Qualität und der Dauer des betonten Vokals: [ʁoːbə] – [ʁɔbə]. Da distinktive Opposition in einem Merkmal besteht, stellt sich die Frage, was hier distinktiv ist, vokalische Länge oder die Qualität. Die Meinungen hierzu sind in der Literatur alles andere als einheitlich: Je nach theoretischem Ansatz ist die Rede von

a) **Lang**- und **Kurzvokalen** (z.B. Reis 1974),
b) **gespannten** und **ungespannten** (Jakobson 1913, Chomsky/Halle 1968) bzw. **geschlossenen** und **offenen** bzw. **peripheren** und **zentralisierten** Vokalen (z.B. Moulton 1962) oder auch
c) **lose** und **fest angeschlossenen** (Maas ^{2}2006) bzw. **sanft** und **scharf geschnittenen** (Vennemann 1991) Vokalen.

Das Begriffspaar Lang-/Kurzvokal stellt den Dauerunterschied als primäres Unterscheidungsmerkmal heraus, das zweite die Qualität, während das dritte die Silbenschnitt- oder Anschlussopposition als primär erachtet. (Dieses dritte Merkmal ist in der Theorie sehr komplex und bedarf eingehender Erläuterungen. Wir lassen es an dieser Stelle zunächst noch stehen und kommen im sechsten Kapitel ausführlich darauf zurück.) All diese Merkmale sind mögliche Unterscheidungskriterien der beiden Vokalreihen des Deutschen, da sie sich phonetisch manifestieren. Tatsächlich korrelieren im Standarddeutschen in betonten Silben *Länge*, *geschlossenere Kieferstellung*, *periphere Zungenposition*, *muskuläre Gespanntheit* und *loser Anschluss* einerseits sowie *Kürze*, *offenere Kieferstellung*, *zentralere Zungenposition*, *Ungespanntheit* und *fester Anschluss*. In der Regel wird jedoch nur eines dieser Merkmale als primär angenommen, dadurch setzt die jeweilige Bezeichnung gleichzeitig schon „eine Theorie des Unterschieds" voraus (Becker 1998: 31). In der Literatur sind die Qualität (Lang- und Kurzvokale) und die Quantität (gespannt/ ungespannt) vor dem Silbenanschluss die am häufigsten vertretenen Unterscheidungsmerkmale. Wir werden die Diskussion an dieser Stelle nicht weiterführen, sondern verweisen auf das Kapitel 6 „Silbenphonologie“, wo wir in Abschnitt 6.7 die Grundlagen für einen alternativen Ansatz der Vokalopposition vorstellen und diskutieren. Es ist wichtig, dass der Dauerunterschied der gespannten und ungespannten Vokale nur in betonten Silben vorkommt. In unbetonten Silben sind ungespannte wie gespannte Vokale gleichermaßen kurz, vgl. *Tomate* [to̲.ˈmaː.tə] vs. *Toskana* [tɔ̲s.ˈkaː.na]. Wir werden daher auf das Merkmal [± lang] in unseren Beschreibungen verzichten und stattdessen von gespannten und ungespannten Vokalen sprechen.

gespannt	ungespannt	Minimalpaar
[e]	[ɛ]	*beten – Betten*
[i]	[ɪ]	*Miete – Mitte*
[o]	[ɔ]	*Robe – Robbe*
[u]	[ʊ]	*Pute – Putte*
[ɑ]	[a]	*raten – Ratten*
[ø]	[œ]	*Höhle – Hölle*
[y]	[ʏ]	*Hüte – Hütte*

Tab. 4.1: Deutsche Vollvokale und Beispielwörter

Zum Vokalsystem des Standarddeutschen gehören außerdem drei **Diphthonge**, d.h. Doppelvokale mit Phonemstatus: [aɪ], [aʊ] und [ɔʏ]. Es handelt sich dabei um sog. **schließende Diphthonge**, d.h. dass die Artikulationsbewegung von einer geöffneten zu einer geschlossenen Kieferstellung erfolgt (Abb. 4.2). In Abgrenzung zu den Diphthongen werden qualitativ einfache Vokale auch als **Monophthonge** bezeichnet.

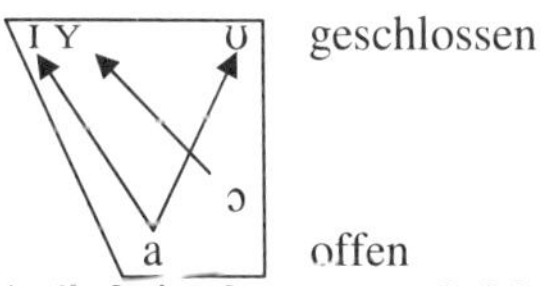

Abb. 4.2: Artikulationsbewegungen bei deutschen Diphthongen

Phonetisch bestehen Diphthonge aus zwei unterschiedlichen Vokalqualitäten. Umstritten ist dabei, ob es sich bei Diphthongen phonologisch um ein Phonem handelt (= monophonematische Wertung) oder um zwei einzelne Phoneme (= biphonematische Wertung). So argumentiert Kohler (²1995: 169) silbenphonologisch für die monophonematische Wertung, die sicherstelle, dass „keine Verbindung von Elementen aus der Klasse V[okale] innerhalb ein und derselben Silbe zugelassen werden und folglich umgekehrt eindeutige Verhältnisse hinsichtlich der Silbenzahl herrschen, die sich somit durch die Anzahl der Vokalphoneme bestimmt.“ Dagegen argumentieren Ramers/Vater (1991: 129f.) für die biphonematische Analyse, da die Zahl der maximal möglichen Segmente nach Diphthongen (ebenso wie Langvokalen) genau um eins kleiner ist, als nach kurzen Vokalen (vgl. *Helm – Heim – *Heilm*). Obgleich dieses Argument viel für sich hat – phonotaktisch verhalten sich Langvokale und Diphthonge nämlich wie eine Folge aus Vokal und Konsonant: Die Anzahl weiterer möglicher Segmente, die im Silbenendrand folgen können, ist jeweils gleich (vgl. auch Kapitel 6.2) – folgen wir hier dem Ansatz von Kohler und werten Diphthonge als ein Phonem.

Problemstellungen im Vokalismus:
Wie oben bereits angedeutet, ist der Phonemstatus der einzelnen Vokalphone in der Forschung nicht unumstritten. Zu Beginn dieses Abschnittes haben wir sechzehn unterschiedliche Vokale angesetzt und gezeigt, dass vierzehn von ihnen, die Vollvokale, kontrastieren, d.h. sie treten paarweise in derselben Umgebung in einer gespannten und einer ungespannten Variante auf. Einige Phonologen vertreten die Auffassung, dass es sich bei den Varianten jeweils um zwei einzelne Phoneme handelt, dann wären im Phonemsystem beispielsweise /o/ und /ɔ/ anzusetzen, /e/ und /ɛ/, usw. Begründet wird dies mit der bedeutungsunterscheidenden Funktion, wie in Tab. 4.1 dargestellt. Andere Arbeiten setzen demgegenüber ein Phonem an, z.B. /o/, das durch zwei Allophone – eines mit dem Merkmal [+ gesp], eins mit dem Merkmal [– gesp] – realisiert wird. Auf eine eingehendere Diskussion und eine eindeutige Positionierung sei nochmals auf Kapitel 6.7 verwiesen.

Ebenfalls umstritten ist der Status der Reduktionsvokale [ə] und [ɐ]. Um die Diskussion zu verstehen, muss man sich anschauen, wie diese Vokale im Deutschen distribuiert sind:

(6) a. Mode [ˈmoː.də], Moder [ˈmoː.dɐ]
b. Tür [ˈtyːɐ], Ohr [ˈʔoːɐ]

Beide Vokale kommen innerhalb derselben Umgebung vor (6a), nämlich im Kern von Reduktionssilben (= unbetonten und unbetonbaren Silben, vgl. Kapitel 6.3). Dies bedeutet, dass sie in dieser Umgebung miteinander kontrastieren. [ɐ] kommt zusätzlich im Endrand betonter Silben vor, und zwar in der Position direkt nach dem Silbenkern (6b). [ə] kommt in dieser Umgebung nicht vor, die Vokale kontrastieren also nicht im Endrand betonter Silben.

Eine Sonderstellung nimmt [ɐ] auch aufgrund seines phonetischen Verhaltens ein: So bildet dieser Laut im Endrand betonter Silben gemeinsam mit dem Silbenkern die einzigen fallenden Diphthonge im Deutschen (6b), d.h. die Artikulationsbewegung verläuft von geschlossen nach offen:

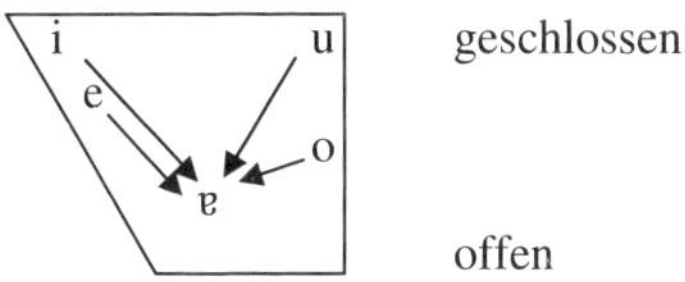

Abb. 4.3: Artikulationsbewegungen fallender Diphthonge

Diese Zusammenhänge sind nicht nur für die Phonologie, sondern auch für die Schrifterwerbsforschung relevant; Schreibanfänger verschriften postvokalisches [ɐ] nämlich ausnahmslos mit dem Buchstaben <a> (dazu mehr in Kapitel 9).

In vielen Arbeiten kommt [ɐ] in der Liste der Vokale des Deutschen gar nicht vor, so etwa bei Kohler (²1995) und Eisenberg (³2006). Entsprechend werden dort anders als in diesem Buch für das Deutsche 15 Vokalphone angesetzt. Meist wird [ɐ] als Allophon des Konsonantenphonems /ʁ/ klassifiziert (vgl. Hall 2000: 71), da es in vielen Wortparadigmen mit [ʁ] alterniert: *Moor* [moːɐ] – *Moore* [moːʁə]. Dagegen wird das Schwa ([ə]) in den meisten Arbeiten als Phonem eingestuft.

Auch mit diesen Problemstellungen werden wir uns im sechsten Kapitel zur Silbenphonologie näher beschäftigen, da dort die Grundlagen für eine angemessene Diskussion entwickelt werden.

4.2 Konsonantensystem

Im Deutschen gibt es insgesamt 7 **Plosive**:

(7)	Artikulationsort	stl.	sth.
	bilabial	[p] (*Post*)	[b] (*Bett*)
	alveolar	[t] (*Teil*)	[d] (*Durst*)
	velar	[k] (*kalt*)	[g] (*Gast*)
	glottal	[ʔ] (*_alt*)	

Wie in (7) zu sehen, kommen die Plosive bis auf eine Ausnahme ([ʔ]) jeweils in einer stimmlosen und einer stimmhaften Variante vor. Wenden wir uns zunächst diesen Lauten zu: Mithilfe der Minimalpaarprobe können /p/, /t/, /k/, /b/, /d/, und /g/ als Phoneme des Deutschen klassifiziert werden. Zugleich stellen [p], [t] und [k] jedoch auch Allophone von /b/, /d/ und /g/ dar, vgl. (8)

(8) a. Weg [ve:**k**] b. Wege [ve:**g**ə]
Land [lan**t**] Länder [lɛn**d**ɐ]
Laub [laʊ**p**] Laubes [laʊ**b**əs]

In den Wörtern unter (8a) ist der Plosiv am Ende stimmlos. In den zweisilbigen Formen in (8b) kommt stattdessen die stimmhafte Variante vor. Das zugrundeliegende Phonem ist jeweils der stimmhafte Konsonant. Die Beispiele zeigen, dass zumindest im Auslaut von Wörtern (genauer: von Silben, vgl. Kapitel 6) die stimmhaften Konsonantenphoneme als stimmloses Allophon realisiert werden (9).

(9)				
	Phonem:	/b/	/d/	/g/
	Allophon im Silbenanlaut:	[b]	[d]	[g]
	Allophon im Silbenauslaut:	[p]	[t]	[k]

Das Phänomen, welches in (8) dargestellt ist, wird als **Auslautverhärtung** bezeichnet. Die Auslautverhärtung ist ein phonologischer Prozess, bei dem stimmhafte Obstruenten im Silbenendrand entstimmlicht werden. Wir werden in Kapitel 5 näher auf phonologische Prozesse zu sprechen kommen.

In (7) kommt noch ein weiterer Plosiv vor, der bisher noch nicht erklärt wurde: der sog. **Glottisverschluss** [ʔ]. Sein Status innerhalb des deutschen Lautsystems ist umstritten. Laien haben häufig Schwierigkeiten, ihn überhaupt wahrzunehmen, was wohl daran liegt, dass ihm in der Schrift kein Buchstabe entspricht (dies ist in einigen Sprachen anders geregelt: So wird der Glottisverschluss im Hebräischen, wo er unbestritten zum Phonembestand gehört, durch ein eigenes Zeichen geschrieben: das ‚Aleph‘ א). Im Deutschen kommt dieser Laut nur im absoluten Anfangsrand von Wörtern und betonten Silben vor Vokal vor. Insofern ist er vorhersagbar und gilt infolgedessen vielen Phonologen nicht als Phonem. Andersherum: Es gibt im Deutschen keine betonte Silbe bzw. kein Wort, das auf einen Vokal anlautet; ist im Geschriebenen der erste Buchstabe ein Vokalzeichen, wird phonetisch der Glottisverschluss realisiert (10).

(10) *Auto* [ʔaʊto], *ereifern* [ʔɛɐʔaɪfɐn], *ein Eis* [ʔaɪn ʔaɪs]

Diese Regel gilt jedoch nur für isolierte Wörter bzw. für langsamen, deutlichen Sprechmodus. In Äußerungen mit normalem bis schnellem Sprechtempo kommt es fast immer zu Verschleifungsprozessen, wobei der Glottisverschluss dann häufig ausfällt.

Das Argument für den Phonemstatus des Glottisverschlusses gründet sich auf seiner Kontrastfunktion. So gibt es Minimalpaare, in denen er mit anderen Konsonanten alterniert:

(11) a. *verreisen* [fɐ**r**aɪzən] – *vereisen* [fɐ**ʔ**aɪzən]
b. *Eis* [**ʔ**aɪs] – *heiß* [**h**aɪs]

Aus eben diesem Grund wird auch hier der Glottisverschluss als Phonem gewertet. Das Hauptargument gegen den Phonemstatus, nämlich seine Vorhersagbarkeit, erscheint bei näherem Hinsehen unplausibel, da dies ebenso für [h] gelten würde, welches den gleichen distributionellen Beschränkungen unterliegt wie [ʔ].

Frikative: Die Frikative bilden unter den deutschen Konsonanten diejenige Klasse mit den meisten unterschiedlichen Phonen. Insgesamt zehn Phoneme und ein Allophon weist das Deutsche hier auf, gegenüber sieben Plosiv-, drei Nasal- und einem Lateralphonem.

(12)	Artikulationsort:	stl.:	sth.:
	labiodental	[f] (Fieber)	[v] (Weise)
	alveolar	[s] (Muße)	[z] (Muse)
	postalveolar	[ʃ] (Schule)	[ʒ] (Loge)
	palatal	[ç] (Licht)	[j] (Jacke)
	velar	[x] (Buch)	
	uvular		[ʁ] (Rose)
	glottal	[h] (Hose)	

Wie in Kapitel 3 bereits ausgeführt, besitzt [x] keinen Phonemstatus, sonders ist gemeinsam mit [ç] Allophon des Phonems /ç/.

Nasale: Im Deutschen gibt es drei Nasalphoneme: bilabiales /m/, alveolares /n/ und velares /ŋ/ (13).

(13) bilabial: [m] (*Mal, Kamm*)
alveolar: [n] (*Nacht, Sinn*)
velar: [ŋ] (*Ring, Klingel*)

In der konkreten Äußerung kommt als weiterer Nasal durch Angleichungsprozesse an Nachbarlaute der labiodentale Laut [ɱ] als Allophon zu /n/ oder /m/ vor: *schlafen* [ʃlɑːfən] → [ʃlɑːfɱ] (mehr dazu in Kapitel 5).

Bei /m/ und /n/ handelt es sich unumstritten um Phoneme. Was dagegen den velaren Nasal /ŋ/ betrifft, so besteht über seinen Status unter Phonologen keineswegs Konsens. Einige Autoren nehmen an, dass er durch Assimilation aus /n/ + /g/ gebildet ist, und daher keinen Phonemstatus besitzt (vgl. etwa Wiese 2000). Wir werten ihn dagegen mit Hall (2000) als Phonem, da er mit anderen Phonemen kontrastiert, vgl. *singen* [zɪŋən] – *sinnen* [zɪnən].

Laterale: Das Deutsche besitzt lediglich einen lateralen Konsonanten ([l]). Er wird durch einen alveolaren Verschluss der Zungenspitze gebildet, während die Luft an beiden Zungenrändern entlang strömt. [l] ist im Deutschen bedeutungsunterscheidend (14) und daher als Phonem zu werten.

(14) *lieb* [li:p] vs. *Sieb* [zi:p]; *Spiel* [ʃpi:l] vs. *Spieß* [ʃpi:s]

Affrikaten: Wie in Kapitel 2 bereits ausgeführt, werden Affrikaten durch die kombinierte Artikulation eines Plosivs mit homorganem Frikativ gebildet und zählen als ein Phonem (monophonematische Wertung). Im Deutschen gibt es drei Affrikaten: [t͜s], [t͜ʃ] und [p͜f], vgl. die Beispiele in (15).

(15) *Geiz* [gaɪt͜s]; *Matsch* [mat͜ʃ]; *Kopf* [kɔp͜f]

Die konsonantischen Phoneme der deutschen Standardsprache sind in Tab. 4.2 nach Artikulationsart (Zeilen) und -ort (Spalten) aufgelistet. Bei paarweisen Lauten repräsentiert das jeweils linke Zeichen die stimmhafte Variante. Der velare Frikativ steht in Klammern, da es sich um ein Allophon handelt, ebenso die gerollten r-Laute (= Vibranten). Die übrigen Laute besitzen nach dem hier vertretenen Ansatz Phonemstatus.

	bilabial	labiodental	alveolar	postalveol.	palatal	velar	uvul.	glott.
Plosiv	p b		t d			k g		ʔ
Frikativ		f v	s z	ʃ ʒ	ç j	(x)	ʁ	h
Nasal	m		n			ŋ		
Lateral				l				
Vibrant			(r)				(ʀ)	
Affrikata	p͜f		t͜s	t͜ʃ				

Tab. 4.2: Konsonantensystem des Deutschen (Laute in Klammern sind Allophone)

Wie schon bei den Vokalen sind auch im Konsonantensystem des Deutschen nicht sämtliche möglichen Positionen belegt. So gibt es im Deutschen z.B. nur jeweils zwei labiodentale, palatale und glottale Laute; die Klasse der Laterale besitzt lediglich einen Vertreter. Vergleicht man außerdem das in Tab. 4.2 dargestellte System mit dem des IPA (Anhang), so fällt auf, dass einige Artikulationsorte im Deutschen nicht genutzt werden, weder gibt es hier Laute, die direkt an den Schneidezähnen (dental) gebildet werden (wie z.B. im Spanischen und Englischen), noch solche, die durch Rückverlagerung der Zungenspitze (retroflex) oder an der Rachenwand (pharyngal) artikuliert werden. Eine vollständige Liste aller hier besprochenen Laute des Deutschen mit Beispielwörtern findet sich ebenfalls im Anhang.

Zusammenfassung: Gegenstand des vierten Kapitels war das Phonemsystem der deutschen Standardsprache. Dabei haben wir uns insbesondere auch mit der Frage beschäftigt, wann ein bestimmter Laut als Phonem zu werten ist und wann nicht. Phonemsysteme haben also keine absolute Gültigkeit, sondern sind theorieabhängig zu sehen, wobei es bezüglich der meisten Vokale und Konsonanten des Deutschen doch eine hohe Übereinstimmung in der Forschung gibt. Die wenigen Zweifelsfälle sind es jedoch, die uns deutlich machen, mit welchen Methoden in der Phonologie gearbeitet wird.

Aufgabe 1: In der DUDEN-Grammatik (2007: 29f.) sind die lautschriftlichen Phonemnotationen (IPA) alphabetisch sortiert. Überlegen Sie, warum dies aus phonologischer Sicht wenig sinnvoll ist und stellen Sie eine eigene Systematik auf. Welche Merkmale bieten hierfür eine adäquate Grundlage?
Aufgabe 2: Suchen Sie für sämtliche Konsonanten des Deutschen Beispielwörter; welche Konsonanten kommen nie im Wortanlaut vor, welche nie im Wortauslaut? Hinweis: Achten Sie sorgfältig auf die Artikulation und blenden Sie das Schriftbild vollständig aus.
Aufgabe 3: Der stimmhafte postalveolare Frikativ [ʒ] ist als Phonem des Deutschen umstritten. Finden Sie fünf Wörter, in denen er vorkommt; was fällt Ihnen auf?
Aufgabe 4: Finden Sie jeweils drei Beispielwörter, in denen [ts], [tʃ] und [pf] keine Affrikaten darstellen (Morphemgrenze!).

Grundbegriffe: Vollvokale, Reduktionsvokale, Vokalqualität: gespannt/ungespannt, geschlossen/offen, peripher/zentralisiert, Vokalquantität: Lang- und Kurzvokale.

Weiterführende Literatur: Becker (1998), Hall (2000), Kohler (^{2}1995), Neef (2005), Pompino-Marschall (^{2}2003), Wiese (1998).

5. Phonologische Prozesse und Regeln

In konkreten sprachlichen Äußerungen erscheinen die Wörter i.d.R. nicht wie die zugrundeliegende phonologische Form, da sie aufgrund von Ökonomisierungstendenzen sowie silbenstrukturellen und morphologischen Bedingungen bestimmten Prozessen unterworfen sind. Solche phonologischen Prozesse, in denen lautliche Strukturen verändert bzw. reorganisiert werden, sind Gegenstand dieses Kapitels. Gleichzeitig wird dargestellt, durch welche Kontexte diese Prozesse ausgelöst werden und wie sie formal beschrieben werden können.

5.1 Phonologische Regeln

Phonologische Prozesse werden in Form von **phonologischen Regeln** dargestellt. Hierzu gibt es bestimmte Notationskonventionen, die sich wie in Bsp. (1) schematisieren lassen:

(1) P → Q / X ___ Z

Die Regel ist folgendermaßen zu lesen: Aus P wird Q, und zwar in der Position zwischen X und Z. Die Information rechts von dem Schrägstrich nennt man **Kontextbedingung**. Die Variablen können dabei entweder einzelne Segmente oder Listen von distinktiven Merkmalen sein, die Kontextbedingungen X und Z zusätzlich auch der Silben- oder Wortanlaut bzw. -auslaut; Wortgrenzen werden als „#" notiert, die Position des von der Regel betroffenen Segments als Unterstrich „___". Die Kontextbedingung „#___" bedeutet also, dass das betreffende Segment im absoluten Wortanlaut steht. Manchmal gibt es für eine Regel mehr als einen Kontext, in dem Fall werden alle Kontextbedingungen untereinander in einer geschweiften Klammer notiert (2).

(2)

/ç/ → [ç] / { vordere Vokale __
　　　　　　　Liquide __
　　　　　　　# __ }

Die Regel in (2) besagt, dass das Phonem /ç/ als Allophon [ç] realisiert wird, wenn es nach vorderen Vokalen, nach Liquiden oder im absoluten Wortanlaut steht.

5.2 Phonologische Prozesse

Ein verbreiteter phonologischer Prozess, der sich im diachronen Sprachwandel und auch synchron in Äußerungskontexten zeigt, ist die **Assimilation**. Der Ausdruck bezeichnet die Angleichung bestimmter phonologischer Merkmale zwischen benachbarten Lauten. Einen Assimilationsprozess haben wir oben bereits kurz vorgestellt, nämlich die unterschiedliche Realisierung der Nasale in Abhängigkeit von den Umgebungslauten (Hall 2000: 90 zufolge sind Nasale in den Sprachen der Welt besonders häufig von Assimilation betroffen), vgl. (3).

(3)	a.	/ʃpiːlən/	→	[ʃpiːln̩]	(*spielen*)
	b.	/ʃlaːfən/	→	[ʃlaːfm̩]	(*schlafen*)
	c.	/ʔoːbən/	→	[ʔoːbm̩]	(*oben*)
	d.	/ʁeːgən/	→	[ʁeːgŋ̍]	(*Regen*)

Wie in Kapitel 3 erläutert, werden Phoneme in der konkreten Äußerung durch entsprechende Allophone realisiert. Die in Schrägstrichen notierte phonologische Form bezeichnen wir als **zugrundeliegend,** sie ist gegenüber der **konkreten** Äußerungsform abstrakt. In den Beispielen unter (3) ist zunächst die phonologische Form notiert, rechts davon in eckigen Klammern befindet sich die phonetische Form. Der auslautende alveolare Nasal /n/ wird durch vier unterschiedliche Allophone realisiert, nämlich [n], [ɱ], [m] und [ŋ]. Die Allophone sind das Ergebnis eines Angleichungsprozesses des alveolaren Nasals an den jeweiligen Artikulationsort des vorangehenden Lautes (4).

(4)	a.	[l]	= alveolar	→	[n] (alveolar)
	b.	[f]	= labiodental	→	[ɱ] (labiodental)
	c.	[b]	= bilabial	→	[m] (bilabial)
	d.	[g]	= velar	→	[ŋ] (velar)

Eine mögliche Regel für den Prozess könnte wie in (5) lauten:

(5) $$\begin{bmatrix} + \text{nas} \\ \surd \text{ alveolar} \end{bmatrix} \rightarrow \begin{bmatrix} + \text{nas} \\ \surd \text{ labiodental} \end{bmatrix} \Big/ \begin{bmatrix} - \text{son} \\ \surd \text{ labiodental} \end{bmatrix} \_\_\_$$

Solch eine Regel ist allerdings nicht besonders ökonomisch, da man für jeden Artikulationsort aus (3) eine eigene Regel benötigt, obwohl es sich jedes Mal um denselben Prozess handelt: Ein Nasal wird im Artikulationsort an den vorausgehenden Obstruenten angepasst. Hilfreicher ist es daher, die Regel so zu formulieren, dass sämtliche Fälle von Ortsassimilation bei den Nasalen erfasst werden. Dies leistet das Zeichen „α" vor dem Merkmal [Ort]. Es bedeutet, dass ein bestimmter Artikulationsort auf der rechten und der linken Regelseite identisch ist, ohne explizit genannt zu werden. Die Regel in (6) besagt dementsprechend, dass ein Nasal dasselbe Ortsmerkmal erhält, wie ein vorausgehender Obstruent.

(6) [+ nasal] → [α Ort] / [- son, α Ort] ___

Bei den Beispielen unter (2) handelt es sich um eine Assimilation des Artikulations*ortes*, während die Artikulations*art* nicht angeglichen wird. Ein Beispiel für Assimilation der Artikulationsart ist das Wort „Assimilation" selbst (7).

(7) lat. ad + similatio → assimilatio

Der auslautende Plosiv des Präfixes wird in der Artikulationsart an den anlautenden Frikativ des Stammes angeglichen. Da die Assimilation sämtliche Merkmale betrifft, handelt es sich bei dem lat. Beispiel um eine **totale Assimilation**. Dagegen werden Assimilationsprozesse, bei denen lediglich ein Merkmal eines Lautes angeglichen wird, wie in Bsp. (2), als **partielle Assimilation** bezeichnet. Außerdem unterscheidet die Phonologie zwischen **Kontaktassimilationen** bei direkt benachbarten (adjazenten) Lauten wie in (3) und sog. **Fernassimilationen**. Eine Fernassimilation des Artikulationsortes liegt z.B. bei der Umlautung im Deutschen vor, wo Vokale benachbarter Silben einander angeglichen werden (vgl. Abschnitt 5.3), wobei ein oder mehrere Konsonant(en) dazwischenstehen können.

Außerdem unterscheidet man Assimilationsprozesse hinsichtlich der Richtung, in der sie verlaufen: Bei der **progressiven** (= nach vorn gerichteten) Assimilation beeinflusst ein Laut ganz oder teilweise einen nachfolgenden Laut wie in Beispiel (3). **Regressive** (= zurückgerichtete) Assimilation liegt vor, wenn der vorangehende Laut an den nachfolgenden angeglichen wird, wie in (7). Beeinflussen sich zwei Laute gegenseitig, wie bei der eben schon erwähnten Umlautung. spricht man von **reziproker** Assimilation

Ein weiterer phonologischer Prozess ist die **Tilgung** eines Lautes: Wie im ersten Kapitel bereits erwähnt, fällt Schwa in der gemäßigten Hochlautung vor einem Sonoranten aus (8). Die entsprechende Regel lautet wie in (9) (vgl. auch Kapitel 6).

(8) *Segel* [ˈzeː.gl̩]; *raten* ([ˈʁɑː.tn̩])

(9) [ə] → ∅ / ___ [+ kons] [+ son]
(„Schwa wird als Nullphonem (∅) realisiert, und zwar vor Lauten mit den Merkmalen [+ kons] und [+ son] (= Sonoranten)")

Werden Laute innerhalb eines Wortes getilgt, spricht man von **Synkope**, am Ende eines Wortes von **Apokope**.

Wohl der bekannteste unter den silbenstrukturell bedingten Prozessen ist die **Auslautverhärtung**. Nach diesem Prinzip wird ein zugrundeliegend stimmhafter Obstruent stimmlos, wenn er im Silbenauslaut steht (10).

(10) /gʁɑːb/ → [gʁɑːp]

Schließlich sei hier noch die im Norddeutschen verbreitete **Spirantisierung** des wortauslautenden Plosivs /g/ zu [ç] (bei gleichzeitiger Entstimmlichung), wie in Bsp. (11), erwähnt. Übrigens ist die spirantisierte Form heute als Standardlautung kodifiziert (vgl. Siebs 1969).

(11) /ˈkøː.nɪg/ → [ˈkøː.nɪç]

Morphemgrenzen innerhalb einer Lautsequenz führen oft zu einer anderen phonologischen Struktur, als wenn diese Grenze nicht bestünde. Ein Beispiel hierfür ist das Wortpaar *Kuchen* – *Kuhchen* ([ˈkuː.xn̩] – [ˈkuː.çən]). Im ersten Wort gibt es keine Morphemgrenze, das Wort besteht nur aus der Wurzel. Dagegen verläuft im Wort *Kuhchen* eine Morphemgrenze zwischen der Wurzel *Kuh-* und dem Derivationssuffix *-chen*. Vergleicht man nun die Aussprache beider Wörter, stellt man fest, dass es sich bei dem Konsonanten, der graphematisch in beiden Fällen durch <ch> repräsentiert wird, um zwei verschiedene Allophone, [x] und [ç], handelt. Unter (2) wurde bereits die phonologische Regel für die Realisierung von /ç/ als [ç] genannt. Natürlich können wir umgekehrt eine Regel für die Realsierung des anderen Allophons formulieren:

(12) $$\text{/ç/} \rightarrow [\text{x}] \ / \ \left\{ \begin{array}{l} [-\text{kons}, +\text{hint}] \\ \text{/a/} \end{array} \right.$$

Das erste Wort, *Kuchen*, verhält sich demnach phonologisch regelkonform, da [x] nach einem hinteren Vokal steht. Das zweite Wort, *Kuhchen*, müsste ebenso gesprochen werden, da der linke Kontext des Phonems /ç/ der gleiche ist. Dass dies nicht der Fall ist, liegt an der Morphemgrenze (*Kuh+chen*), denn das Suffix *–chen* wird im Deutschen lautlich immer gleich realisiert, unabhängig von den jeweiligen Nachbarlauten. Die morphologische Struktur des Wortes hat also die in (2) dargestellte Regel außer Kraft gesetzt. Wir haben es hier mit einem **morphophonologischen Prozess** zu tun, da die Morphologie die phonologischen Strukturen steuert.

In anderen Fällen hingegen ist es genau umgekehrt: Es gibt Beispiele dafür, dass regelhafte morphologische Prozesse durch die Phonologie eines Wortes blockiert werden, vgl. (13):

(13) a. *(sie hat) gearbeitet, gesungen, gesammelt*
b. *(er hat) studiert, malocht, stibitzt*

Die Wörter in (13) sind allesamt Partizipformen deutscher Verben. Diejenigen in (13a) werden regelhaft mit dem Präfix *ge-* gebildet. In (13b) jedoch fehlt dieses Präfix, da es im Deutschen nur dann erscheint, wenn der Verbstamm anfangsbetont ist. Die Akzentverhältnisse des Stammes beeinflussen hier also die Morphologie.

Ein weiteres Beispiel für morphophonologische Zusammenhänge wurde bereits in Kapitel 4 kurz angesprochen: Eine homorgane Abfolge aus Plosiv und Frikativ wird nur dann als Affrikate gewertet, wenn beide Laute zum selben Morphem gehören; bei den auslautenden Konsonanten in *Platz* ([plats]) handelt es sich daher um eine Affrikate, nicht jedoch in *(des) Blatts* ([blats]).

Bei der **Umlautung** handelt es sich um ein phonologisches Phänomen, welches bei morphologischen Prozessen, z.B. der Flexion deutscher Wörter auftritt. Sie findet sich sowohl bei der Flexion von Verben und Nomina als auch bei der Komparation von Adjektiven (14a-c). Auch in der Wortbildung kommt Umlautung häufig vor (14d-f).

(14) a. fahren – fährst
b. Kamm – Kämme
c. groß – größer
d. Hase – Häschen
e. rot – erröten
f. Wut – wütend

Bei den Beispielen unter (14) fällt auf, dass die Umlautung nicht die einzige Veränderung von der jeweils linken zur rechten Wortform ist; in allen Fällen gibt es weitere morphologische Elemente, die die grammatischen Funktionen markieren. Es stellt sich somit die Frage, ob Umlautung als grammatische Markierung im modernen Deutschen überhaupt eine Funktion hat. Tatsächlich ist die Umlautung im Gegenwartsdeutschen nicht sehr produktiv. Sprachgeschichtlich ist sie das Ergebnis eines phonologischen Prozesses, der i.d.R. durch morphologische Veränderungen, v.a. Suffigierung, ausgelöst wird. Bei der Umlautung handelt es sich um einen Assimilationsprozess, genauer um eine Vokalharmonie. Dabei wird ein Vokal an einen benachbarten (des Flexions- bzw. Wortbildungssuffixes) hinsichtlich des Artikulationsortes angeglichen. Tiefe Vokale werden beispielsweise angehoben, wenn der benachbarte Vokal hoch ist, hintere werden palatalisiert, wenn der benachbarte Vokal vorn artikuliert wird. Verdeutlichen kann man dies mithilfe des Vokalvierecks, in dem die Assimilationsbewegungen sichtbar gemacht werden können:

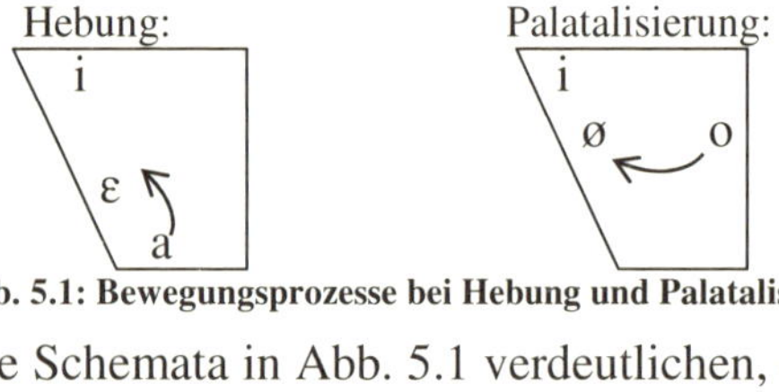

Abb. 5.1: Bewegungsprozesse bei Hebung und Palatalisierung

Die Schemata in Abb. 5.1 verdeutlichen, dass sich der Ausgangsvokal (/a/ bzw. /o/) in Richtung des /i/ bewegt, sich also in dem Merkmal [+ hoch] bzw. [+ vorn] an /i/ angleicht. Die gleiche Bewegung wie bei /o/ → /ø/ liegt bei /u/ → /y/ vor.

Wie bereits erwähnt, handelt es sich hierbei um historische Prozesse. Der auslösende Vokal /i/ ist in den betreffenden Wörtern im Althochdeutschen noch sichtbar. So lautete etwa das Substantiv zu ahd. *guot* (gut) *guoti* (Güte). Im Mittelhochdeutschen sind die schwachbetonten Endsilben zu Reduktionssilben abgeschwächt worden, die ehemaligen Vollvokale zu Schwa reduziert. Insofern ist die Umlautung als morphophonologischer Prozess ein Relikt früherer Sprachstufen, im modernen Standarddeutschen zwar noch sichtbar, aber nicht mehr produktiv.

Im Übrigen ist zu erwähnen, dass der Ausdruck *Umlautung* in der Phonologie nur für das lautliche Phänomen der Vokalassimilation verwendet wird. Die Vokale /y/, /ø/ werden nicht als Umlaute bezeichnet, ebenso wenig wie die Vokalbuchstaben <ü> und <ö>. Deren Bezeichnung als *Umlaute* ist alltagssprachlich und hat in der sprachwissenschaftlichen Terminologie nichts zu suchen.

Bei der **Epenthese** werden einer bestehenden phonologischen Form zusätzliche Laute hinzugefügt. Auslöser für diesen Prozess sind i.d.R. Wortbildung und Flexion, vgl. (15).

(15) a. hoffen+lich > hoffentlich
b. Weihnacht+Gans > Weihnachtsgans
c. Max+s (Gen.) > Maxens

Bei Komposita (Zusammensetzungen) wie in (15a+b) wird zwischen den beiden Kompositionsgliedern ein Laut eingefügt, der keinerlei morphologische Motivation besitzt, d.h. er trägt keine Bedeutung; wahrscheinlich handelt es sich um ein Grenzsignal, das die Kompositionsfuge anzeigt. Epenthese findet sich darüber hinaus meist dort, wo ein Wort ohne den eingefügten Laut schwer auszusprechen wäre, vgl. (15c). Allerdings werden Kompositionsfugen in der Literatur häufig als Aussprachehilfen überinterpretiert, obwohl sich analoge Beispiele finden lassen, die ohne epenthetischen Laut gut aussprechbar sind, vgl. *Hundehütte* aber *Windhund* (und nicht *Windehund*).

Zusammenfassung: In der gesprochenen Sprache haben wir es nicht mit isolierten, abstrakten Sprachgebilden zu tun; vielmehr sind die Wörter bestimmten Prozessen unterworfen, die sich aus dem Kontakt zu anderen lautlichen und morphologischen Einheiten ergeben. Beispiele hierfür, die in diesem Kapitel vorgestellt wurden, sind Umlautung, Assimilation, Spirantisierung, Tilgung und Epenthese. Solche phonologischen Prozesse lassen sich mithilfe von phonologischen Regeln beschreiben, wobei es für die Regelnotation feste Konventionen gibt.

Aufgabe 1: Formulieren Sie die Realisierung von /ʃtaɪgt/ als [ʃtaɪçt] in Form einer phonologischen Regel.
Aufgabe 2: Welche Art von Assimilation liegt in den folgenden Beispielen vor: a. /an+gabe/ > [aŋgɑːbə], b. /ʃvɪmt/ > [ʃvʏmt], c. /zɛnf/ > [zɛɱf]
Aufgabe 3: Welche der folgenden Umlaute gehen auf Flexion, welche auf Wortbildung zurück? a. *Füße*, b. *Häuschen*, c. *Krümel*, d. *trägt*, e. *gebräunt*, f. *höher*, g. *Güte*

Grundbegriffe: Phonologischer Prozess, Phonologische Regel, Kontextbedingung, zugrundeliegende Form, konkrete Äußerungsform, totale vs. partielle Assimilation, Kontakt- vs. Fernassimilation, progressive/regressive/reziproke Assimilation, Tilgung, Synkope, Apokope, Auslautverhärtung, Spirantisierung, Morphophonologie, Umlaut, Epenthese.

Weiterführende Literatur: Hall (2000), Maas ([2]2006), Ramers ([2]2007).

6. Silbenphonologie

Neben der Systematik von Einzellauten beschäftigt sich die Phonologie mit der Organisation von Phonemen innerhalb größerer sprachlicher Einheiten, insbesondere der Silbe. Die Silbe ist die nächstgrößere phonologische Einheit nach dem Phonem. Aus perzeptiver Sicht handelt es sich um die kleinste intuitiv wahrnehmbare Spracheinheit, die unabhängig von gesteuertem Sprachunterricht kognitiv verfügbar ist. Demgegenüber werden Einzellaute – das haben zahlreiche Experimente mit Schreibanfängern (z.B. Bosch 1937; Röber 2009) gezeigt – vor dem Schrifterwerb i.d.R. noch nicht wahrgenommen. Der Grund ist, dass eine sprachliche Äußerung nicht aus distinkten Lauten, sondern aus einem Schallkontinuum besteht, das durch stetige Übergänge und Überlappungen gekennzeichnet ist. Bei der Silbe handelt es sich artikulatorisch um eine Öffnungs- und Schließungsbewegung, innerhalb derer diese lautlichen Übergänge stattfinden.

Die Phonologie betrachtet die Silbe in zweierlei Weise: zum einen als Konstituente größerer Einheiten, wie dem Fuß oder dem phonologischen Wort. Diese Betrachtungsweise, bei der es insbesondere um Anschlussverhältnisse und Wortakzente geht, wird uns im nächsten Kapitel beschäftigen. Zum anderen ist die Binnenstruktur der Silbe – wie im vorliegenden Kapitel – Gegenstand phonologischer Beschreibungen, wobei etwa untersucht wird, aus welchen Einheiten Silben zusammengesetzt sind, bzw. welche Phoneme in welchen Silbenpositionen vorkommen. Viele lautliche Phänomene einer Sprache sind überhaupt erst dann regelhaft beschreibbar, wenn sie innerhalb der Domäne Silbe betrachtet werden, wie wir im Laufe dieses Kapitels an zahlreichen Beispielen sehen werden. Da die Silbe auch für den Schrifterwerb und für die Beschreibung orthographischer Regularitäten zentral ist, werden wir im achten und neunten Kapitel in diesem Zusammenhang auf sie zurückkommen.

In der Literatur existieren zahlreiche unterschiedliche Silbenmodelle und Silbendefinitionen. Nicht alle können im Rahmen einer Einführung besprochen werden. Soweit möglich, wird auf alternative Konzepte jedoch kurz hingewiesen.

6.1 Der Silbenbegriff

Der Terminus ‚Silbe' stammt aus der antiken Grammatiktradition (griech. syn-labē = das Zusammengefasste). Heute stellt die Silbe nicht nur in der Sprachwissenschaft, sondern auch im alltagssprachlichen Gebrauch einen häufig verwendeten Ausdruck dar, vgl. *Silbenrätsel* oder *Silbenschrift*. Auch sprachwissenschaftliche Laien wissen i.d.R., dass Silben aus Lauten zusammengesetzt sind und dass Wörter aus einer oder mehreren Silben bestehen. Es sei außerdem ausdrücklich darauf hingewiesen, dass der Begriff der Silbe in der Sprachwissenschaft rein phonologisch verwendet wird; die alltagssprachliche Redeweise von ‚Vor- und Nachsilben' bezieht sich demgegenüber eigentlich auf Morpheme, genauer Prä- und Suffixe. Diese können im phonologischen Wort zwar mit der Silbe zusammenfallen, müssen es aber nicht, vgl. *gelb.+lich* (Zusammenfall von Suffix und Silbe) vs. *san.d+ig* (kein Zusammenfall; ‚+' markiert die Morphem- und ‚.' die Silbengrenze).

Während die Silbe in jedem Fall eine sprachliche Kategorie mit hohem Bekanntheitsgrad darstellt, unter der sich auch Nicht-Experten etwas vorstellen können, tut sich die Sprachwissenschaft durchaus schwer damit, diese Kategorie zu definieren. Mit Sicherheit kann man sagen, dass es sich um eine Einheit handelt, die die Sprache rhythmisch gliedert, wie man u.a. an der Versdichtung sieht: Hier sind es Silbenabfolgen, die das Versmaß bilden. Dass ein Wort wie *Löwe* zwei Silben besitzt, *Mond* dagegen einsilbig ist, ist intuitiv wahrnehmbar. In vielen anderen Fällen ist die Silbenzahl jedoch weniger klar, ebenso wie die Frage, wo genau die **Silben-**

grenze verläuft; so etwa bei den Wörtern *Tasse, ringen* oder *Apfel* (auf dieses Problem werden wir in Abschnitt 6.7 noch ausführlich zu sprechen kommen).

Eine eindeutige wissenschaftliche Definition der Silbe gibt es nicht. Vielmehr kann diese sprachliche Kategorie anhand unterschiedlicher phonetischer und phonologischer Kriterien bestimmt werden:

- aufgrund der inneren Struktur: Silben bestehen nach dem hier vertretenen Ansatz aus bestimmten Konstituenten;
- nach phonotaktischen Gesichtspunkten: Es gibt universelle sowie einzelsprachliche Gesetzmäßigkeiten, an welchen Positionen in mehrsilbigen Wörtern die Silbengrenze verläuft;
- anhand der äußeren Begrenzung: In einer Äußerung können aufeinanderfolgende Silben durch sog. **Grenzsignale** voneinander unterschieden werden, im Deutschen z.B. durch den Glottisverschluss oder durch die Auslautverhärtung;
- mithilfe akustisch-phonetischer Merkmale: Innerhalb einer Silbe gibt es charakteristische Sonoritäts- und Energieverläufe, die physikalisch nachgewiesen werden können;
- aufgrund artikulatorischer Besonderheiten, insbesondere Atemdruck und Intonation.

6.2 Silbenmodelle

Silben besitzen also eine Binnenstruktur, nach der die einzelnen Segmente angeordnet sind. Das sog. **Konstituentenmodell** (Abb.6.1) bildet diese Struktur in Form eines Baumdiagrammes ab, indem die Hierarchie bzw. Abhängigkeit der Konstituenten voneinander dargestellt wird, weshalb es auch als **hierarchisches Silbenmodell** bezeichnet wird.

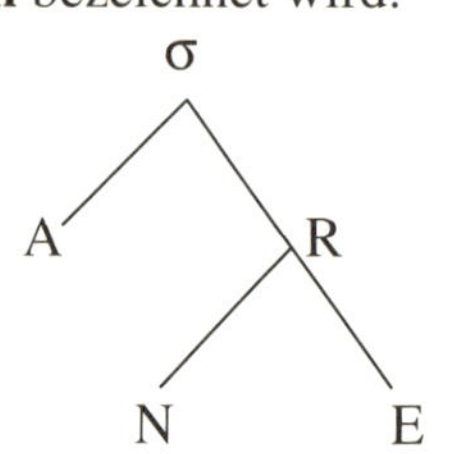

Abb. 6.1: Silbenbaummodell mit den Konstituenten Anfangsrand (A) und Reim (R), Nukleus (N) und Endrand (E)

Der oberste Knoten ist mit einem griechischen Sigma ‚σ' etikettiert. In der Phonologie besteht die Konvention, die phonologischen Konstituenten Wort, Fuß und Silbe durch griechische Minuskeln zu symbolisieren. Das Sigma ist das Symbol für die Einheit Silbe. In Bezug auf die Silbenkonstituenten werden wir hier mit den deutschen Termini ‚Anfangsrand' und ‚Endrand' arbeiten; international – und vielfach auch in deutschen Texten – werden alternativ die englischen Ausdrücke ‚Onset' (für Anfangsrand) und ‚Coda' (= Endrand) verwendet.

Direkt vom Silbenknoten abhängig sind die Konstituenten **Anfangsrand (A)** und **Reim (R)**. Dass der Reim, der wiederum den **Nukleus (N)** und **Endrand (E)** dominiert, auf gleicher Ebene wie der Anfangsrand steht, und nicht etwa A, N und E nebengeordnet vorkommen, liegt daran, dass zwischen Nukleus und Endrand eine Abhängigkeitsbeziehung besteht, nicht jedoch zwischen Nukleus und Anfangsrand. Diese Abhängigkeit (Dependenz) wird durch das hierarchische Modell besser veranschaulicht, als durch andere Modelle (s.u.). So können nach dem Nukleus maximal drei weitere Segmente folgen (von sog. extrasilbischen Segmenten abgesehen, vgl. Abschnitt 6.6): [hɪlft]. Ist der Vokal ein Langvokal oder Diphthong, können zwei Segmente im Endrand stehen, da der zweite Teil des Vokals ebenfalls zum Endrand gezählt wird: [kaʊ̯ft], [liːpt] (es gibt allerdings Darstellungen, in denen Langvokale und Diphthonge vollständig der Nukleusposition zugewiesen werden, z.B. Wiese 2000).

Die Ränder der Silbe können leer sein, die minimale Silbe besteht also aus dem Nukleus. Besitzt eine Silbe keinen konsonantischen Endrand, und lautet auf Vokal aus, handelt es sich um eine **offene** Silbe (1a), ansonsten um eine **geschlossene** (1b). Ist der Anfangsrand leer, heißt die Silbe **nackt** (1c), ansonsten **bedeckt** (1d).

(1)

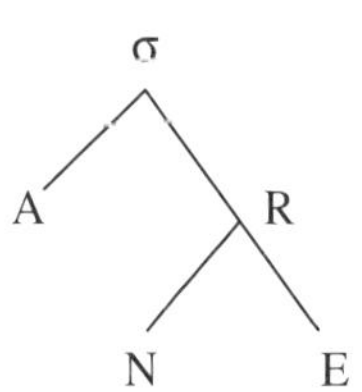

a.		v	o	ː	*wo*	(offene Silbe)
b.		v	e	ːn	*wen*	(geschlossene Silbe)
c.	(piː)		ʊ	s	*Pius*	(nackte Silbe)
d.	(viː)	ʁ	ʊ	s	*Virus*	(bedeckte Silbe)

Neben dem hierarchischen Modell gibt es ein weiteres, ebenso prominentes Silbenmodell, das sog. **CV-Modell**. Es stellt die Binnenstruktur nicht hierarchisch, sondern als lineare Abfolge zweier unterschiedlicher Segmentkategorien dar, nämlich C (von engl. *c̲onsonant*) und V (von engl. *v̲owel*). Die Etiketten C und V stehen jedoch nicht für die Merkmale [+ kons] und [– kons], sondern für [± silbisch], d.h. silbentragend: V-Positionen bilden den Silbengipfel und sind daher [+ silbisch], C-Positionen [– silbisch] (2a). Im Deutschen gibt es Silben, in denen ein sonorer Konsonant die Silbengipfelposition einnimmt und mit einer V-Position assoziiert wird, wie die zweite Silbe in (2b), in der Transkription wird unter solche silbischen Konsonanten ein senkrechter Strich notiert [l̩]), während andererseits vokalische Segmente in der C-Position stehen können (im Deutschen ist dies bei den Langvokalen der Fall (vgl. die erste Silbe in (2b), sowie bei Diphthongen (2c)).

(2)
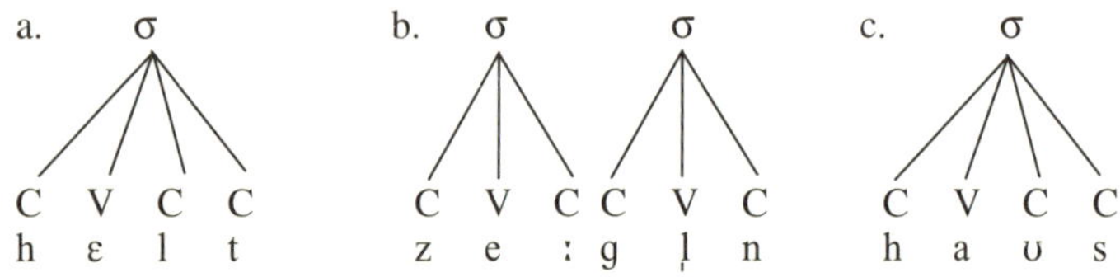

Das CV-Modell beschreibt also ausschließlich die Abfolge von Konsonanten und Vokalen, nicht jedoch die hierarchischen Bezüge der Konstituenten, daher wird es auch als „flaches" Silbenmodell bezeichnet. Sein Vorteil liegt insbesondere in einer gegenüber dem Baumdiagramm ökonomischeren Darstellungsweise.

In dieser Einführung werden wir mit dem hierarchischen Silbenmodell arbeiten, insbesondere, weil es die Reimstrukturen deutlicher veranschaulichen hilft, mit denen eine Vielzahl sprachlicher Regularitäten bis hin zur Wortschreibung erst erklärt werden kann. So sind bestimmte orthographische Strukturen nach dem hier vertretenen Ansatz erst auf Grundlage der Realisierungsbedingungen des Silbenreims adäquat beschreibbar (vgl. Kapitel 8 u. 9). Zu unterschiedlichen Silbenmodellen vgl. auch Ramers (²2007).

6.3 Silbentypen

Vergleicht man die Wörter *Rose*, *Bauer*, *Gabel* und *Gespenst*, so ist festzustellen, dass sie alle aus zwei Silben bestehen. Zudem fällt auf, dass die beiden Silben jeweils nicht gleichartig sind. In jedem der Wörter gibt es eine betonte und eine unbetonte Silbe; in *Rose*, *Bauer* und *Gabel* ist jeweils die erste Silbe betont, in *Gespenst* die zweite. Die jeweils andere Silbe in jedem der vier Wörter ist nicht betont. Betonte und nicht betonte Silben weisen jeweils eine Reihe von Besonderheiten auf, die es nahelegen, von verschiedenen Silbentypen auszugehen. Zur Verdeutlichung vgl. die Darstellung in (3) (betonte Silben sind mit σ' etikettiert, unbetonte mit σ°):

(3)

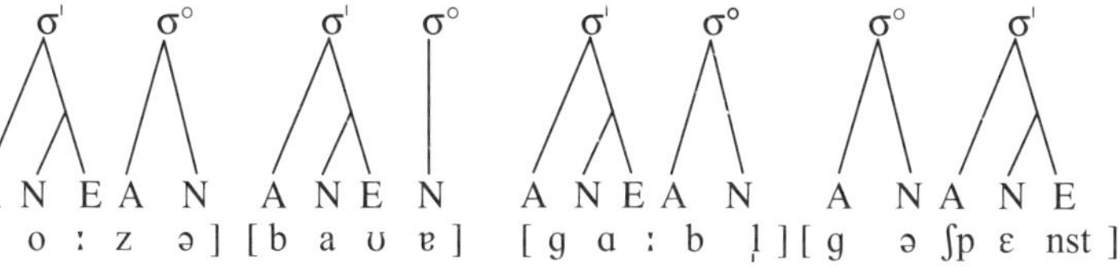

Für die nicht betonte Silbe können wir anhand der obigen Beispiele folgende Beobachtungen festhalten:

- Der Nukleus ist nie durch einen Vollvokal, sondern entweder durch einen Reduktionsvokal ([ə] oder [ɐ]) oder durch einen Sonoranten belegt;
- Anfangsrand und Endrand können leer sein;
- in der orthographischen Repräsentation ist regelmäßig ein <e> enthalten, das jedoch nicht mit den Vollvokalen [e] bzw. [ɛ] korrespondiert, sondern mit [ə], [ɐ] oder Null ([ ]).

Für die betonte Silbe gilt demgegenüber Folgendes:

- Im Nukleus steht immer ein Vollvokal;
- sämtliche Konstituenten (Anfangsrand, Nukleus und Endrand) sind immer belegt;
- im Nukleus steht genau ein Segment;
- Anfangs- und Endrand können durch ein oder mehrere Segmente belegt sein;
- der Endrand kann außer Konsonanten auch ein vokalisches Element beinhalten (bei Langvokalen und Diphthongen).

Nun ist die Datenmenge, auf der diese Beobachtungen basieren, mit vier Wörtern etwas dürftig. Wenn wir weitere deutsche Zweisilber hinzuzögen, würden wir jedoch feststellen, dass sich diese Merkmale bei den entsprechenden Silbentypen bestätigen. Insofern kann man hier von **Regularitäten** sprechen.

Regularitäten wie diese, die beschreiben, wie eine Silbe in einer bestimmten Sprache intern aufgebaut sein muss, werden **Silbenstrukturbedingungen** genannt. Es handelt sich um sprachspezifische Restriktionen. Sie legen u.a. fest, welche Silbenkonstituenten durch welche Phonemklassen belegt sein dürfen, aber auch, welche Phonemfolgen in den Silbenrändern möglich sind und welche nicht.

In den Abschnitten 6.6 und 6.7 wird es um weitere Silbenstrukturbedingungen gehen.

Die obigen Beispiele haben bereits gezeigt, dass es im Deutschen verschiedene Silbentypen gibt, die wir zunächst jedoch lediglich als *betont* und *nicht betont* klassifiziert haben. Für die obigen Beispiele reicht dies auch aus, da genau diese beiden Typen dort vorkommen. Durchforstet man das Lexikon der deutschen Sprache, stellt man jedoch fest, dass es noch einen weiteren Silbentyp gibt, wie in den Beispielen unter (4a-d) zu sehen (ein Punkt [.] in der Transkription steht für eine Silbengrenze, das Zeichen [ˈ] zeigt jeweils die dahinter stehende betonte Silbe an).

(4) a. Tomate [to.ˈmaː.tə]
b. Brokkoli [ˈbrɔ.ko.li]
c. Arbeit [ˈʔɑː.baɪt]
d. Bibliothek [bi.bli.o.ˈteːk]

Die unterstrichenen Silben in den Wörtern unter (4) weisen Eigenschaften auf, die sie sowohl von den bisher klassifizierten betonten als auch den unbetonten Silben unterscheiden: Einerseits sind sie nicht betont, andererseits besitzen sie keinen Reduktions- sondern einen Vollvokal.

Eine für die deutsche Sprache überzeugende Kategorisierung stammt von Maas ([2]2006), der von drei Silbentypen ausgeht:

- prominente Silbe (betont)
- reduzierte Silbe (nicht betont, mit reduziertem Nukleus)
- Normalsilbe (nicht betont, aber Vollvokal im Nukleus)

Wir folgen der Maas'schen Silbenklassifikation, verwenden statt ‚Normalsilbe' jedoch den Ausdruck **neutrale Silbe.** Diese Silbe stellt nämlich u.E. im Deutschen – geht man vom trochäischen Zweisilber als Protoform mehrsilbiger Wörter aus (vgl. auch Eisenberg 1998) – nicht den Normalfall, sondern die Ausnahme dar, ist gegenüber den besonderen Merkmalen Betontheit und Reduktion jedoch neutral.

Ein Wort, in dem alle drei Typen vorkommen, ist *Tomate*. Es ist dreisilbig ([to . ˈmɑː . tə]), die letzte Silbe, die sog. **Ultima**, ist reduziert, der Nukleus mit einem Reduktionsvokal (Schwa [ə]) belegt, der Endrand leer. Die vorletzte Silbe, die **Pänultima**, ist eine prominente Silbe, der Nukleus ist mit einem Vollvokal ([ɑ]) besetzt. Die vorvorletzte Silbe, die **Antepänultima**, ist zugleich die erste Silbe im Wort. Sie gehört zum neutralen Typ, da sie weder betont noch reduziert ist (der Nukleus ist durch einen Vollvokal belegt). In (5) ist das Wort mit Silbenbaum dargestellt („σ" = neutrale Silbe).

(5)

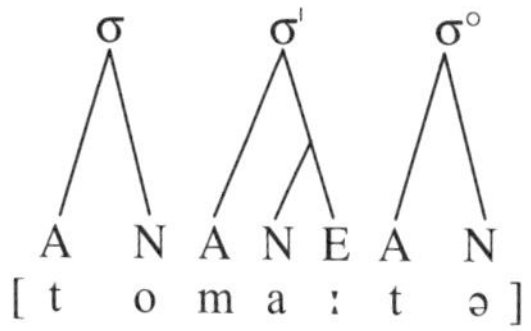

Der Vokal kann in Silben des dritten Typs, wie in prominenten Silben auch, gespannt oder ungespannt sein, aber er ist niemals lang. Dies ist ein substantieller Unterschied zwischen prominenten und neutralen Silben: Bei Betonung korrelieren grundsätzlich Vokallänge und Gespanntheit. Ist die Silbe nicht betont, ist der Längenkontrast zwischen gespannten und ungespannten Vokalen neutralisiert, d.h. sie sind phonologisch weder lang noch kurz.

Mithilfe eines dreigliedrigen Silbensystems lässt sich auch die schon im vierten Kapitel aufgeworfene Frage nach dem Phonemstatus der Reduktionsvokale [ə] und [ɐ] klären: Viele Arbeiten (z.B. Hall 2000) klassifizieren Schwa als Phonem, da – so das Argument – es mit anderen Vokalen kontrastiere, vgl. *Jude* – *Judo*. Das tiefe Schwa wird dagegen überwiegend nicht als Phonem angesehen, da es mit [ʁ] alterniert (*Moor* [moːɐ] – *Moore* [moːʁə]), und daher ein Allophon von /ʁ/ sei. Das erste Argument erscheint bei näherem Hinsehen nicht ganz plausibel: So kontrastiert Schwa mit anderen Vokalen nur, wenn man für das Deutsche ein zweigliedriges Silbensystem aus betonten und unbetonten Silben annimmt. Wörter wie *Jude* und *Judo* weisen dann die gleiche Silbenstruktur auf, nämlich betont – unbetont. Hier wird aber aus den genannten Gründen von drei Silbentypen ausgegangen, danach besitzt das Wort *Jude* die Struktur betont – reduziert und *Judo* die Struktur betont – neutral. Die Vokale [ə] und [o] kontrastieren nach diesem Ansatz also nicht, sondern stehen in unterschiedlichen Umgebungen. Gleichzeitig kontrastieren in reduzierter Silbe jedoch [ə] und [ɐ], vgl. *liebe* [ˈliː.bə] – *lieber* [ˈliː.bɐ]. Was das zweite Argument betrifft, die Alternation mit [ʁ] nach betonten Vokalen, so spricht tatsächlich etwas für die Allophon-These: Anders als in reduzierter Silbe verhält sich [ɐ] hier phonologisch nicht wie ein Vokal, sondern wie ein Liquid, wie wir weiter unten im Zusammenhang mit der Sonoritätshierarchie noch sehen werden.

6.4 Silbenkontaktgesetze

Betrachten wir eine Lautfolge rein sequentiell, wie in (6) dargestellt, d.h. ohne eine Syllabierung vorzunehmen, so erscheint sie als unstrukturierte Abfolge von Konsonanten (K) und Vokalen (V).

(6) a. segelt [zeːgəlt]: KVKVKK
  b. Kranken [kʀaŋkən]: KKVKKVK
  c. Holstein [hɔlʃtaɪn]: KVKKKVK
  d. klebrig [kleːbʀɪç]: KKVKKVK

Wie die Beispiele zeigen, steht immer ein vokalisches Segment (hier ohne Berücksichtigung von Längenunterschieden; Diphthonge werden als ein Vokal gewertet, vgl. Kapitel 4.1) zwischen einem oder mehreren Konsonanten. Während die Konsonanten im Wortanlaut bzw. -auslaut gemeinsam jeweils komplexe Ränder bilden, stellt sich bei den Konsonanten zwischen den Vokalen die Frage, wie sie auf die benachbarten Silben aufgeteilt werden. Wenn wir für die Beispiele in (7) verschiedene Möglichkeiten durchspielen, sehen wir, dass nicht alle zu Lösungen führen, die für das Deutsche akzeptabel sind (7).

(7) a. [zeːg.əlt],[zeː.gəlt]
  b. [kʀa.ŋkən],[kʀaŋk.ən],[kʀaŋ.kən]
  c. [hɔ.lʃtaɪn],[hɔl.ʃtaɪn],[hɔlʃ.taɪn],[hɔlʃt.aɪn]
  d. [kleː.bʀɪç],[kleːb.ʀɪç],[kleːbʀ.ɪç]

Nur die unterstrichenen Syllabierungen sind akzeptabel: Verantwortlich hierfür sind zwei **Silbenbauprinzipien**, die nicht nur für das Deutsche, sondern laut Hall (2000: 217ff.) für alle natürlichen Sprachen Gültigkeit besitzen. Zum einen ist dies das Gesetz der Anfangsrandmaximierung (8a), zum zweiten das Gesetz der möglichen An- und Auslaute (8b).

(8a) Prinzip der Anfangsrandmaximierung: „Bilde zunächst den größtmöglichen Silbenanlaut, dann bilde den Silbenauslaut" (Hall 2000: 218)

(8b) Prinzip des möglichen Silbenanlauts und -auslauts: Die durch die Syllabierung entstehenden Silbenränder entsprechen den Wohlgeformtheitsbedingungen für Silbenanlaute und -auslaute einer Sprache.

Wohlgeformte Silbenanlaute im Sinne von (8b) sind alle am Wortanfang vorkommenden Anfangsränder. Da es an dieser Position keinen Zweifel über die Silbenzuordnung geben kann, ist davon auszugehen, dass die Zuordnung der vorhandenen Konsonanten in jedem Fall wohlgeformt sein muss. Die Folge [pl] ist also ein möglicher Silbenanfangsrand im Deutschen, da es Wörter wie [plat͡s] *Platz*) gibt. Dagegen ist [pm] kein wohlgeformter Anfangsrand, obgleich man das Wort *Obmann* entsprechend syllabieren könnte: [ʔɔ.pman]. Die Lautfolge kommt jedoch nie am Wortanfang vor. Das gleiche gilt für die Endränder: Wohlgeformt sind sie dann, wenn sie grundsätzlich auch wortauslautend vorkommen. Nicht wohlgeformte Ränder sind darüber hinaus solche, die die Sonoritätshierarchie (vgl. Abschnitt 6.5) oder das Prinzip der Auslautverhärtung verletzen. Dies wäre bei [ˈkleːb.ʀɪç] der Fall. Eine mögliche Syllabierung wäre hier jedoch [ˈkleːp.ʀɪç], mit Entstimmlichung des silbenauslautenden Konsonanten. Wichtig ist übrigens auch hier wieder die strikte Unterscheidung von Phonologie und Orthographie: Die Syllabierungsregeln, die wir soeben besprochen haben, sind auf keinen Fall mit der Silbentrennung am Zeilenende zu verwechseln; orthographisch wird das Wort nämlich <kleb-rig> getrennt.

Kehren wir noch einmal zu den Beispielen unter (7) zurück: Bei dem Wort *segelt* stellt [ˈzeː.gəlt] die einzige mögliche Syllabierung dar, weil es zwischen den Vokalen nur einen Konsonanten gibt, der nach dem ersten Prinzip den Anlaut der zweiten Silbe bilden muss. [kʀa.ŋkən] verletzt das zweite Prinzip: [ŋk] stellt im Deutschen keinen möglichen Silbenanlaut dar; [ˈkʀaŋk.ən] verletzt das erste Prinzip; der größtmögliche Anlaut ist hier [k], vor dem sich also die Silbengrenze befindet. In dem dritten Beispiel häufen sich drei Konsonanten, weshalb es theoretisch vier Möglichkeiten gibt. Auch hier führen die beiden Prinzipien jedoch nur zu einer möglichen Form.

Ein weiterer, hier noch nicht berücksichtigter Fall betrifft die Syllabierung von Wörtern mit einfachem intervokalischem Konsonanten nach ungespanntem Vokal (*Tasse*); diesem Phänomen werden wir uns in Abschnitt 6.7 intensiv zuwenden.

6.5 Sonoritätshierarchie

In den obigen Beispielwörtern wie *klebrig* haben wir bereits gesehen, dass Silben im Deutschen komplex sein können. Die Konstituenten Anfangsrand und Reim mit Nukleus und Endrand bilden dabei stets das Grundgerüst. Der Nukleus ist nach unserem Ansatz hier immer durch genau ein Segment besetzt. Dabei handelt es sich um das Segment mit der höchsten Schallfülle. Das phonetische Korrelat für die Schallfülle ist die Lautstärke. Die Schallfülle beeinflusst z.B., wie weit entfernt von der Produktionsquelle ein Hörer die Laute wahrnehmen kann. Schaut man sich nun Einsilber wie *trank* oder *wärmst* an, wird deutlich, dass Anfangs- und Endrand im Deutschen recht umfangreich sein können, wenn sie betont oder neutral sind. Im Anfangsrand betonter Silben können bis zu zwei, im Endrand bis zu vier Phoneme stehen, vgl. die Einsilber *trank* [tʁaŋk] und *wärmst* [vɛɐmst]. Affrikaten wie [p͡f] in *Pflug* [p͡fluːk] und *trump͡ft* [tʁʊmp͡ft] werden monophonematisch gewertet (vgl. Kapitel 2), so dass die Höchstzahl von zwei bzw. vier Phonemen eingehalten wird. In Wörtern wie *Strumpf* oder *(des) Herbsts* wird diese Höchstzahl nur scheinbar überstiegen, [ʃ] und [s] sind hier sog. **extrasilbische** Segmente, die nicht zur Silbe gezählt werden (vgl. Abschnitt 6.6).

Oben haben wir bereits gesehen, dass in den Silbenkonstituenten nicht beliebige, sondern jeweils bestimmte Lautklassen vorkommen. Aber auch die Anordnung der Laute innerhalb der Ränder unterliegt bestimmten Gesetzmäßigkeiten. So könnte die Segmentfolge [blʊnst] ein deutsches Wort sein, [lbʊtsn] dagegen nicht. Dabei kommen in den Silbenrändern der zweiten Sequenz jeweils dieselben Laute vor, nur in umgekehrter Folge. Da es im Deutschen viele einsilbige Wörter gibt, die mit *bl-* beginnen (*blau, blüht, Blei*) und solche, die mit *-nst* enden (*Dunst, nennst*) können wir sagen, dass die erste Folge einen möglichen Silbenanfangsrand und die zweite einen möglichen Silbenendrand darstellt. Dagegen gibt es keine einsilbigen Wörter, die mit *lb-* beginnen oder mit *-tsn* enden (das Wort *Katzen* [ka.t͡sn̩] ist zweisilbig!), weshalb beide Konsonantenfolgen keinen möglichen Anfangs- bzw. Endrand darstellen. Der Grund für diese Beschränkung liegt darin, dass Silben (und damit zugleich einsilbige Wörter, bei denen Silben- und Wortgrenzen ja zusammenfallen) in ihrem inneren Aufbau einer bestimmten Hierarchie folgen: Die tiefen Vokale [a] und [ɑ] weisen die größte Schallfülle auf, die stimmlosen Plosive ([p], [t], [k], [ʔ]) die geringste. In Abb. 6.2 wird eine Skala vorgestellt, auf der die Lautklassen, wie sie im Deutschen vorkommen, nach zunehmender Schallfülle angeordnet sind. Die Zahlen unter den Lautklassen geben die jeweilige Sonorität wieder (je höher, desto größer die Schallfülle).

tiefe Vokale	hohe Vokale	Liquide	Nasale	sth. Frikative	sth. Plosive	stl. Frikative	stl. Plosive
7	6	5	4	3	2	1	0

← zunehmende Schallfülle

Abb. 6.2: Sonoritätsskala (nach Jespersen 1904). Als Allophon von /r/ in betonten Silben wird [ɐ] als Liquid gewertet

Innerhalb der Silbe sind die Laute so angeordnet, dass im Silbenkern die Sonorität am höchsten ist und zu den Rändern hin abnimmt. Weist man den Lauten in den Einsilbern [blʊnst] und [lbutsn] die entsprechenden Ziffern aus der Skala in Abb. 6.2 zu, ergibt sich im ersten Fall die zulässige Folge 2-5-6-4-1-0, während der Sonoritätsabfall bei der zweiten Sequenz zu den Rändern hin verletzt wird: 5-2-6-0-1-4. Deutlicher noch wird diese Verletzung, wenn man den Sonoritätsverlauf graphisch darstellt:

(9) a. [b l ʊ n s t] b. [l b ʊ t s n]
2-5-6-4-1-0 5-2-6-0-1-4

Abschließend ist zu sagen, dass die Sonoritätshierarchie nicht nur den Aufbau deutscher Silben regelt, sondern ein universales Prinzip darstellt (vgl. Hall 2000: 224ff. Zur sprachwissenschaftlichen Herausbildung des Konzepts von der Sonoritätshierarchie vgl. Neef 2002).

6.6 Extrasilbizität

Zu Beginn des vorigen Abschnitts wurden Beispiele angeführt wie *Strumpf* und *Herbsts*. Ordnen wir den Lauten die betreffenden Werte auf der Sonoritätsskala zu, sehen wir, dass das Prinzip des Sonoritätsabfalls in jeweils einem der Ränder verletzt wird:

(10) [ʃ t ʁ ʊ m p͡f] [h ɛ ɐ p s t s]
1-0-5-6- 4- 0 1-6-5-0-1-0-1

Bei dem auslautenden [p͡f] in *Strumpf* handelt es sich um eine Affrikate, die monophonematisch gewertet wird und wie ein einfacher stimmloser Plosiv den Wert 0 erhält. Im Anfangsrand steht dagegen keine Affrikate, sondern drei einzelne Konsonanten, von denen der erste eine höhere Schallfülle aufweist als der zweite. In *Herbsts* verhält es sich ähnlich im Endrand: Die Kurve steigt zum Ende der Sequenz hin zweimal wieder an. In der Phonologie werden solche Segmente, die aus der Sonoritätskontur herausfallen, als **extrasilbisch** bezeichnet, d.h. sie werden nicht als der Silbe zugehörig interpretiert; dies betrifft im Deutschen die koronalen stimmlosen Frikative [s] und [ʃ]. Die Theorie von der Extrasilbizät hat jedoch einen Haken: Wir können mit ihr nicht erklären, warum die entsprechenden Segmente sich wie echte Silbenkonstituenten verhalten; so beeinflussen sie die artikulatorischen Merkmale folgender Plosive im Anfangsrand, die im Deutschen im absoluten Anlaut vor Vokal grundsätzlich aspiriert erscheinen (11a) (Aspiration wird durch ein hochgestelltes [ʰ] notiert), in der Position nach [s] und [ʃ] jedoch unaspiriert (11b).

(11) a. Tal [tʰɑːl]
b. Stahl [ʃtɑːl]

Trotz dieses Problems gehen wir in diesem Buch von Extrasilbizität aus, da sie die Tatsache, dass [s] und [ʃ] als einzige deutsche Laute gegen die Sonoritätshierarchie und den Umfang der Silbenränder verstoßen, am plausibelsten erklärt. Der Grund dafür, warum ausgerechnet diese beiden Laute aus der Silbenkontur herausfallen, liegt offenbar in ihren phonetischen Eigenschaften begründet, es handelt sich bei beiden Lauten um Obstruenten mit einer hohen artikulatorischen Intensität.

6.7 Silbenschnitt

Im vierten Kapitel haben wir die Vokale des Deutschen in zwei Reihen eingeteilt und dabei diejenigen der einen Reihe als gespannt, die der anderen als ungespannt bezeichnet. Gleichzeitig haben wir gezeigt, dass sich die Vokale in betonten Silben hinsichtlich ihrer Dauer bzw. Quantität unterscheiden: Gespannte Vokale sind bei Betonung lang, ungespannte kurz. Ein Minimalpaar wie *Robe/Robbe* unterscheidet sich also in zwei Merkmalen:

(12) [oː] → [+ gesp] [+ lang] vs.
[ɔ] → [– gesp] [– lang]

Nach der hier zugrundeliegenden Theorie unterscheiden sich die beiden Beispielwörter darüber hinaus in einem dritten Merkmal, nämlich der Art des Silbenschnitts: In *Robe* ist der Vokal der betonten Silbe lose an den folgenden Konsonanten angeschlossen, in *Robbe* fest. Das Begriffspaar **loser** und **fester Anschluss**, das mit der älteren Terminologie **sanft** bzw. **scharf geschnittener Akzent** äquivalent ist, stammt von Jespersen (1904) und wurde besonders durch die Arbeit Trubetzkoys geprägt, der das Phänomen folgendermaßen beschreibt: „Beim festen Anschluß setzt der Konsonant in einem solchen Augenblicke ein, wo der Vokal noch nicht den Höhepunkt seines normalerweise steigendfallenden Ablaufes überschritten hat, während beim losen Anschluß der Vokal noch vor dem Einsatz des Konsonanten zur Gänze abläuft." (Trubetzkoy ^{7}1989: 196).

In Kapitel 4.1 hatten wir bereits angedeutet, dass es im Deutschen insgesamt drei phonologische Merkmale gibt, die bei den Vokalen betonter Silben zusammenfallen, nämlich Qualität, Quantität und die Art des Silbenanschlusses. In dem Wort *Robe* korrelieren Länge des Vokals, Gespanntheit und loser Anschluss, in *Robbe* Kürze, Ungespanntheit und fester Anschluss. Dadurch liegt hier eine phonologische Redundanz vor, da für die Beschreibung der Opposition ein Merkmal ausreichend ist. Entsprechend gibt es in der Forschung unterschiedliche Theorien, nach denen jeweils nur eins der drei Merkmale distinktiv ist. Als eines der Hauptargumente gegen die Distinktivität der Silbenschnittopposition im Deutschen galt bis vor kurzem das fehlende akustische Korrelat, d.h. die Unterschiede im Silbenanschluss waren phonetisch nicht messbar. Spiekermann (2000, 2002) konnte jedoch ein akustisches Korrelat zum Silbenschnitt im Deutschen nachweisen. So sind von ihm drei unterschiedliche Merkmale des Energieverlaufs beobachtet worden, die bei festem und losem Anschluss jeweils unterschiedliche Werte aufweisen: a) das Halten eines hohen Energieniveaus (bei sanftem Schnitt ist ein stärkeres Halten zu beobachten), b) die Anzahl der Energiemaxima (bei sanftem Schnitt höher als bei scharfem), sowie c) deren Position entweder zu Beginn oder in der Mitte (= scharfer Schnitt) oder am Ende (= sanfter Schnitt) des vokalischen Spektrums (vgl. Spiekermann 2000: 47 ff.).

Ein überzeugendes Argument für die Annahme der Silbenschnittopposition besteht darin, dass sie anders als Vokalquantität und -qualität erklärt, warum es im Deutschen keine einsilbigen Wortformen mit ungespanntem Vokal in offener Silbe gibt: Wörter wie *wo* müssen mit gespanntem bzw. langem [oː] (oder mit Glottisverschluss ([voʔ]) gesprochen werden. Dies ist erklärbar, wenn man sagt, dass der feste Silbenschnitt (der wie oben beschrieben mit kurzen, ungespannten Vokalen zusammenfällt) einen Folgekonsonanten voraussetzt. Das Verhältnis von Vokal + Folgekonsonant ist also der entscheidende Parameter.

Das Deutsche zählt damit zu den sogenannten **Silbenschnittsprachen**, im Gegensatz zu **Quantitätensprachen** (z.B. Italienisch), in denen konsonantische und/oder vokalische Dauerunterschiede distinktiv sind. Geht man für das Deutsche nun davon aus, dass der Silbenanschluss und nicht die Qualität bzw. Quantität des Vokals distinktiv ist, bedeutet dies, dass es sich bei den Varianten eines Vokals wie [e] und [ɛ] nicht um Phoneme, sondern um Allophone eines gemeinsamen Phonems handelt. Denn der vokalische Unterschied stellt dann selbst kein phonologisches Merkmal dar, welches die Bedeutungsunterscheidung konstituiert, sondern eine artikulatorisch-phonetische Begleiterscheinung des Silbenanschlusses. Maas ([2]2006: 171) erklärt dieses Phänomen damit, dass der Vokal nur bei losem Anschluss zu Ende artikuliert werden („austrudeln“) kann, während er bei festem Anschluss in seinem Spektrum abgeschnitten wird. Die Zunge als Artikulationsorgan hat dementsprechend weniger Zeit, eine periphere Position zu erreichen und bleibt im Zentrum des Artikulationsraums.

Nach diesem Ansatz, der die Anschlussverhältnisse und nicht die Vokalquantität bzw. –qualität als primär annimmt, müssen wir im standarddeutschen Vokalsystem von zwei Vokalreihen ausgehen, d.h. jedes der 7 Vollvokalphoneme /i, e, u, o, y, ø, a/ kommt in zwei Allophonen vor (Tab. 6.1).

Phonem	Allophone		Minimalpaar
	gespannt	ungespannt	
/e/	[e]	[ɛ]	*beten – Betten*
/i/	[i]	[ɪ]	*Miete – Mitte*
/o/	[o]	[ɔ]	*Robe – Robbe*
/u/	[u]	[ʊ]	*Pute – Putte*
/a/	[ɑ]	[a]	*raten – Ratten*
/ø/	[ø]	[œ]	*Höhle – Hölle*
/y/	[y]	[ʏ]	*Hüte – Hütte*

Tab. 6.1: Deutsche Vollvokalphoneme und ihre Allophone

Ein verbreitetes Modell zur Beschreibung der Silbenschnittopposition ist die sog. **Ambisilbizität** (z.B. Vennemann 1994, Eisenberg [3]2006), d.h. dass ein intervokalischer Konsonant nach ungespanntem Vokal mit beiden Silben assoziiert wird.

(13)

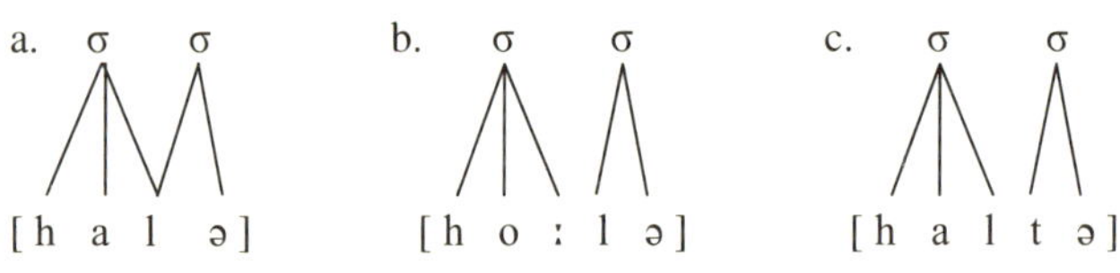

Wie in (13a) durch die Verbindungslinien dargestellt, besetzt der intervokalische Konsonant zwei Silbenpositionen: Er steht sowohl im Endrand der ersten, als auch im Anfangsrand der zweiten Silbe. Dies ist jedoch nur dann der Fall, wenn der unmittelbar vorausgehende Vokal betont und ungespannt ist. Nach gespannten betonten Vokalen gibt es keine Ambisilbizität (13b), ebensowenig bei mehreren Konsonanten an der Silbenfuge (13c). Das Modell der

Ambisilbizität ist eine Möglichkeit, das Problem zu leichter Silben zu lösen: Nach einem Silbenbaugesetz darf der Endrand betonter Silben im Deutschen nicht leer sein. Gleichzeitig muss ein einzelner intervokalischer Konsonant wegen des Prinzips der Anfangsrandmaximierung (vgl. 8a) der zweiten Silbe zugewiesen werden. Durch die Annahme ambisilbischer Konsonanten können beide Gesetze eingehalten werden.

Auf zwei substantielle Unterschiede in den einschlägigen Arbeiten zu dem hier vorgestellten Phänomen sei noch hingewiesen:

1. Während die Anschlusskorrelation nach Maas ([2]2006) in Anlehnung an Sievers (1901) und Trubetzkoy (1939/[7]1989) phonetisch basiert ist, handelt es sich bei der Theorie der Ambisilbizität um ein rein phonologisches Modell. Das bedeutet, dass sich die Frage nach einem phonetischen Korrelat hier gar nicht stellt. Ganz anders dagegen bei der Anschlusstheorie: Hier ist aufgrund der phonetischen Ausrichtung ein solches Korrelat sogar zwingend (und konnte wie gesagt von Spiekermann (2000, 2002) mit Spezifika in den Energieverläufen akustisch nachgewiesen werden).
2. Die Modellierung ambisilbischer Konsonanten führt dazu, dass die betonte Silbe konsonantisch geschlossen ist. Im Gegensatz dazu generiert die Anschlusstheorie nach Maas eine Silbenstruktur, in der die betonte Silbe offen und der Endrand unbesetzt ist; d.h. hier wird eine Verletzung der oben genannten Silbenbaugesetze zugelassen, bei dem anderen Modell nicht.

Zusammenfassung: In diesem Kapitel haben wir uns mit Silbenstrukturen beschäftigt und gesehen, dass die Silbe eine zentrale Domäne für phonologische Regularitäten darstellt. In jeder Sprache, aber auch sprachübergreifend in Form von Universalien, gibt es sog. Silbenstrukturbedingungen, die festlegen, wie eine Silbe intern aufgebaut sein darf, um wohlgeformt zu sein. Die Sonoritätshierarchie stellt hier das entscheidende Prinzip dar. Beim Aufeinandertreffen mehrerer Silben in einem phonologischen Wort entscheiden dieses und andere Silbenkontaktgesetze dann, wie das Wort zu syllabieren ist, etwa nach dem Prinzip der Anfangsrandmaximierung. Wir haben außerdem gesehen, dass das Deutsche zu den Silbenschnittsprachen gehört.

Aufgabe 1: Syllabieren Sie die folgenden Wörter und bestimmen Sie jeweils die Silbentypen nach der Kategorisierung von Maas.
a. *Rakete*, b. *Monsun*, c. *Gespenster*, d. *Paradies*, e. *Sirene*, f. *Schokolade*, g. *Alkohol*, h. *Fantasie*, i. *Konzerne*, j. *geheim*, k. *Risiko*, l. *Marzipan*
Aufgabe 2: Erstellen Sie eine Liste, in der die Beispielwörter in Aufgabe 1 in zwei Gruppen eingeteilt werden: In der ersten Gruppe befinden sich die Wörter, in denen der Vokal der nicht prominenten, nicht reduzierten Silben gespannt ist, in der zweiten Gruppe die Wörter, in denen er ungespannt ist. Welche Regelmäßigkeit ist dabei erkennbar?
Aufgabe 3: Was stellen Sie in den folgenden Wortpaaren jeweils fest, nachdem Sie die Silbentypen bestimmt haben?
a. *Doktor – Doktoren*, b. *Hannover – Hannoveraner*, c. *Libanon – libanesisch*, d. *Professor – Professorin*, e. *Cello – Cellist*, f. *Fantasie – fantastisch*
Aufgabe 4: Bestimmen Sie die Silbenanzahl und die Silbengrenzen folgender Wörter. Gehen Sie dabei von der gesprochenen Silbe in natürlich betonten Wörtern aus, nicht von der orthographischen Silbentrennung.
a. *Winter*, b. *Banane*, c. *Geweih*, d. *Papagei*, e. *neblig*, f. *bestimmtes*, g. *ruhig*, h. *regnerisch*, i. *Spielerei*, j. *bemitleiden*, k. *verhohnepiepeln*
Aufgabe 5: In welchen der Wörter in Aufgabe 4 fällt die Silbengrenze mit der Morphemgrenze (also der Grenze zwischen bedeutungstragenden Einheiten) zusammen, in welchen nicht?
Aufgabe 6: Überlegen Sie, welche Syllabierungen der Wörter *Winter*, *neblig* und *regnerisch* aufgrund der Prinzipien in (7) und (8) möglich sind.
Aufgabe 7: Transkribieren sie die folgenden Einsilber und notieren sie unter die Laute die Zahlen aus der Sonoritätstabelle (Abb. 2). Stellen Sie außerdem die Sonoritätsverläufe graphisch dar. Was fällt Ihnen auf? a. *Hund*, b. *Schrank*, c. *Knall*, d. *brennt*, e. *Pflicht*, f. *klaust*, g. *Schwein*, h. *Brot*
Aufgabe 8: Wie ist der Sonoritätsverlauf an den Rändern folgender Wörter zu erklären: a. *Strolch*, b. *Klaps*, c. *spukts*
Aufgabe 9: Finden Sie zu sämtlichen Konsonanten des Deutschen Beispielwörter mit festem Anschluss?
Aufgabe 10: Suchen Sie Minimalpaare vom Typ *Robe – Robbe* für die übrigen deutschen Vokale als Kerne der betonten Silben.

Grundbegriffe: Silbe, Silbenmodell, CV-Modell, Konstituentenmodell/hierarchisches Silbenmodell, Anfangsrand, Reim, Nukleus, Endrand, Regularität, Silbenstrukturbedingung, Ultima, Pänultima, Antepänultima, Schallfülle/Sonorität, scharfer/sanfter Silbenschnitt, fester/loser Anschluss, Silbengelenk, ambisilbischer Konsonant.

Weiterführende Literatur: Maas (2002, ²2006), Selkirk (1980), Hall (2000); Spiekermann (2000, 2002 zum phonetischen Korrelat des Silbenschnitts); Vennemann (1991, 1994 zu Silbenschnitt und Silbenstrukturbedingungen), Becker (2002 zum Silbenschnitt), Neef (2002 zur Sonoritätshierarchie), Eisenberg (³2006 zur Theorie des Silbengelenks), Wiese (2000), Ramers (²2007 zu unterschiedlichen Silbenmodellen).

7. Metrische Phonologie und Äußerungsphonologie

Wenn wir uns im Rahmen der phonologischen Beschreibung einer Einzelsprache mit Phonemen und Silbenstrukturen beschäftigen, wie wir es in den vergangenen Kapiteln ausschließlich getan haben, befinden wir uns dabei stets auf einer Ebene, die von der sprachlichen Realität sehr stark abstrahiert. Sprachliche Äußerungen sind keine sequenzielle Abfolge von Phonemen bzw. Silben, sondern durch Koartikulation (vgl. Kapitel 8.1) geprägte Schallereignisse. Hinzu kommen Betonungskonturen und Verschleifungsprozesse (Assimilationen, Tilgungen etc.). Diese Phänomene gehören in den Bereich der **Äußerungsphonologie**, dem wir uns hier aus Platzgründen nicht in der angemessenen Ausführlichkeit zuwenden können (stattdessen sei auf Pompino-Marschall (^{2}2003: 237ff.) verwiesen). Im Folgenden geht es ausschließlich um Betonung und Intonation.

7.1 Wortakzent und seine grammatische Nutzung

Mit der Wortbetonung befinden wir uns in einem weiteren Teilgebiet der Phonologie, der sog. **Metrischen Phonologie** (hierzu ausführlich Nespor/Vogel 1986). Das häufigste deutsche Wortbetonungsmuster, dem im Kern alle nativen Inhaltswörter folgen, ist die Abfolge einer betonten und einer unbetonten (d.h. neutralen oder reduzierten) Silbe, wie in *'Fen.ster, 'le.sen, 'fer.tig*. Wenn eine entsprechende Silbenabfolge innerhalb eines phonologischen Wortes beschrieben wird, sprechen wir in Anlehnung an die antike Metrik von Füßen. Der Fuß ist dementsprechend die phonologische Einheit zwischen der Silbe und dem phonologischen Wort. Das phonologische Wort ist nicht mit dem grammatischen oder orthographischen Wort gleichzusetzen; während ersteres als lexikalische Einheit mit einer semantischen oder grammatischen Bedeutung definiert ist, wird als orthographisches Wort grob gesagt eine Buchstabenfolge bezeichnet, die zwischen zwei Leerstellen steht. Phonologische Wörter definieren sich als Domänen von Wortakzent und bestimmten phonotaktischen Merkmalen sowie bestimmten Grenzsignalen. So wird im Deutschen innerhalb von phonologischen Wörtern eine Konsonantenfolge anders syllabiert, als an der phonologischen Wortgrenze. Im vorigen Kapitel hatten wir uns mit Syllabierungsregeln beschäftigt und u.a. begründet, warum bei einem Wort wie *klebrig* die Silbengrenze nach [kle:] liegt (Kapitel 6,

Bsp. 7+8); dies trifft aber nur zu, weil es sich bei *klebrig* um ein phonologisches Wort handelt. Ein Kompositum wie *Liebreiz*, das inlautend dieselbe Konsonantenfolge *-br-* aufweist wie *klebrig*, kann nicht [liː.bʁaɪt͜s] syllabiert werden, sondern nur [liːp.ʁaɪt͜s]. Der Grund hierfür liegt darin, dass die einzelnen Glieder von Komposita als eigenständige phonologische Wörter zu interpretieren sind, die nicht übergreifend syllabiert werden können.

In simplizischen, d.h. nicht zusammengesetzten Wörtern trägt grundsätzlich eine Silbe den Wortakzent. Welche Silbe akzentuiert wird, ist dabei lexikalisch festgelegt. Im Deutschen ist es i.d.R. die erste Silbe des Wortstammes, die betont wird, wir sprechen daher von **Stammbetonung**. Im Französischen und Türkischen ist dagegen die letzte Silbe eines Wortes betont, gleichgültig, ob es sich um den Stamm oder ein Suffix handelt; im Spanischen wiederum wird die vorletzte Silbe betont.

Kehren wir zurück zur Einheit Fuß: Betonte Silben innerhalb des Fußes werden als **Kopf** bezeichnet. Das Betonungsmuster *betont – unbetont* bezeichnen wir entsprechend als **Trochäus**. In der Literatur zur deutschen Phonologie wird diskutiert, ob es neben dem Trochäus noch weitere Fußstrukturen, insbesondere den **Jambus** (*unbetont – betont*), gibt; Hall (2000) argumentiert für die Annahme weiterer Füße. Dagegen gehen wir mit Maas (^{2}2006: 99ff.) und Wiese (1996: 56ff.) vom Trochäus als einzigem Fuß im Deutschen aus. Nun gibt es jedoch Wörter wie in (1), die keine trochäische Struktur aufweisen und es stellt sich die Frage nach ihrer prosodischen Analyse. Obgleich dieses Thema überaus komplex ist, werden wir die unterschiedlichen Ansätze im Folgenden kurz diskutieren, um einen Eindruck von der Theorieabhängigkeit phonologischer (bzw. generell sprachwissenschaftlicher) Beschreibungen zu vermitteln.

(1) a. [fʁaʊ] *Frau*, [kɪnt] *Kind*, [man] *Mann*
b. [gə.ˈhaɪm] *geheim*, [mu.ˈziːk] *Musik*
c. [ˈʔaː.baɪ.tn̩] *arbeiten*, [ˈleː.bn̩.də] *lebende*
d. [pa.pa.ˈgaɪ] *Papagei*, [kro.ko.ˈdiːl] *Krokodil*

Die Wörter in (1a) sind einsilbig, weisen also keine Betonungsabfolge auf. Bei den Wörtern in (1b) ist die betonte Silbe nach der unbetonten positioniert, was in der Metrik als Jambus bezeichnet wird. In (1c) folgen zwei unbetonte Silben auf eine betonte (= Daktylus) und in (1d) haben wir die Abfolge unbetont – unbetont – betont (Anapäst).

Oben haben wir gesagt, dass sämtliche Wörter im Deutschen dem trochäischen Muster folgen. Dies gilt auch für die Beispiele in

(1): In (1a) sprechen wir von **degenerierten Trochäen**, weil die unbetonte Silbe nach der betonten nicht realisiert ist. Unbetonte Silben vor der betonten werden auch als **Auftaktsilben** bezeichnet, sie liegen außerhalb des Fußes; bei den Beispielen in (1b) handelt es sich dementsprechend um degenerierte Trochäen mit Auftaktsilbe. In (1c) liegen erweiterte Trochäen vor; insofern als sie eine zusätzliche unbetonte Silbe nach dem Kopf aufweisen. Ein weiterer Analyseansatz besteht in der Annahme jambischer Strukturen im Deutschen (z.B. Hall 2000).

Die bisherigen Ausführungen zum Wortakzent gelten so nur für Nicht-Komposita, da Komposita zusätzlich zum **Hauptakzent** einen oder mehrere **Nebenakzente** aufweisen (in der Transkription mit einem tiefen Komma markiert), vgl. *ˈLohn.ˌar.beit.* In Kopulativkomposita trägt das linke Glied den Hauptakzent und zwar auf der Silbe, die auch im isolierten Wort betont ist; dadurch ist auch das Betonungsmuster bei Komposita trochäisch. Der Trochäus ist also im Deutschen rekursiv, das bedeutet, dass morphologisch komplexe Wörter i.d.R. wieder Trochäen bilden (2); x = Hebungssilben, ∪ = Senkungssilben.

(2)
x ∪ x ∪ x ∪ x ∪
a. Kinder, Wagen, Regen, Haube

x | ∪ x | ∪
b. Kinder|wagen, Regen|haube

x | ∪
c. Kinderwagen|regenhaube

Phonetisch weisen Haupt- und Nebenakzent einen unterschiedlichen Tonhöhenverlauf und unterschiedliche Dauer auf, d.h. hauptbetonte Kompositionsglieder (*Kinder-*) werden meist höher und länger realisiert als nebenbetonte (*-wagen*), vgl. Kohler (1995: 115).

Wie oben bereits ausgeführt, werden einsilbige Wörter als degenerierte Trochäen angenommen; durch Flexionsprozesse wird die fehlende Silbe erzeugt (3a). Dagegen wird bei bereits in der Grundform zweisilbigen Wörtern in der Flexion i.d.R. keine weitere Silbe angehängt (3b).

(3)	x		x ∪		x ∪		x ∪
a.	Frau	–	Frauen	b.	Fenster	–	Fenster
	Mann	–	Männer		Katze	–	Katzen
	Kind	–	Kinder		Löwe	–	Löwen

Neben dem Wortakzent gibt es weitere Phänomene der prosodischen Äußerungsgliederung, nämlich den **Satzakzent** und die **Intonation**. Der Zweck der Satzbetonung besteht darin, dem Hörer mitzuteilen, welcher Satzteil besonders wichtig ist. Musan (2010) zufolge ist es prinzipiell der unbekannte Teil einer Information, der betont wird (vgl. 4a). Die Betonung des bekannten Teils wäre demgegenüber unakzeptabel (4b).

(4) a. Was hat Klaus gekocht? (bekannt: Klaus hat etwas gekocht) –
Klaus hat NUdeln gekocht. (unbekannt: Nudeln)
b. Was hat Klaus gekocht? – KLAUS hat Nudeln gekocht.

Dieser hervorgehobene Teil (i.d.R. handelt es sich dabei um ein Wort) wird als **Fokus** bezeichnet (Musan 2010: 2). Inhaltswörter, das sind Nomen, Verben, Adjektive und Adverbien, besitzen grundsätzlich einen Wortakzent und sind damit auch satzakzentfähig (5a und b). Der Satzakzent liegt dann auf der Silbe, die auch den Wortakzent trägt. Funktionswörter besitzen keinen lexikalischen Akzent und sind daher nicht satzakzentfähig, können aber zum Zweck der Fokussierung betont werden (5c).

(5) a. Hast du die ZEItung gelesen?
b. Hast du die Zeitung geLEsen?
c. Hast du DIE Zeitung gelesen?

Übrigens sind die Inhaltswörter, die im Satz nicht den Fokus bilden, nicht unbetont; ihre Betonung ist nur weniger stark, so dass es zu einem für den Hörer deutlich wahrnehmbaren Betonungskontrast zwischen dem Satzfokus und den übrigen Inhaltswörtern kommt.

Ebenso wie der Wortakzent drückt sich auch der Satzakzent im Deutschen durch eine veränderte Tonhöhe (d.h. die Stimme hebt oder senkt sich gegenüber den unakzentuierten Satzteilen) und durch eine größere Dauer der Akzentsilben aus, aber i.d.R. nicht durch Lautstärke. Neppert (1999: 168) bezeichnet den Tonhöhenverlauf als wichtigstes Element der Akzentuierung im Deutschen, wobei diese meist durch eine *Erhöhung* der Tonhöhe gekennzeichnet sei. In deutschen Entscheidungsfragesätzen allerdings sei dagegen *Tieftonigkeit* die Regel (ebd.: 163).

Als drittes Phänomen der Äußerungsprosodie wurde eingangs die Intonation genannt. Hierunter verstehen wir den Tonhöhen- oder auch Melodieverlauf eines ganzen Satzes bzw. einer Äußerung. Auch sie trägt zur Bedeutungsdifferenzierung bei. Wir unterscheiden mit Kohler (1995: 195f.) zwischen folgenden Konturen:

a) fallende Intonation

- terminal; beim Abschluss einer Äußerung, z.B. einer Behauptung oder Feststellung, möglich auch bei einer durch Interrogativpronomen eingeleitete Frage:

(6) 

a. Peter kommt heute nicht.
b. Wann kommt Peter heute?

- schwebend; die Kontur verbleibt am Ende der Äußerung auf konstanter Höhe und zeigt an, dass eine Weiterführung der Äußerung (durch einen der beiden Gesprächspartner) intendiert ist:

(7) 

Kommst du heute auch, oder …

b) steigende Intonation bei nicht abgeschlossener Äußerung, z.B. einer Aufzählung oder Frage. Der Anstieg kann leicht oder stark erfolgen:

(8) 

a. Ich sammle Bücher, Bilder und Antiquitäten.

b. Sammelst du auch Antiquitäten?

c) fallend-steigende Intonation, etwa um eine Warnung oder auch Erstaunen etc. auszudrücken.

(9) 

Karina, (ich warne dich!)

Dass die Intonation von größerer Bedeutung für die Semantik und Pragmatik ist, als die syntaktische Struktur einer Äußerung, wird deutlich, wenn man die Tonhöhenverläufe atypisch verwendet, beispielsweise eine Aussage mit steigender Intonation spricht:

(10) 

Peter kommt übrigens auch.

Das phonetische Korrelat für die Intonation ist der Tonhöhenverlauf, der physikalisch durch die Veränderung der Grundfrequenz bedingt ist. Neppert (1999: 158) zufolge besteht aber auch weitgehende Einigkeit darin, dass die Tonhöhenveränderung zwar als das wichtigste, jedoch nicht als das einzige Merkmal der Intonation anzusehen ist. Eine abgeschlossene Äußerung wird in Bezug auf ihre prosodischen Merkmale als **Intonationseinheit** bezeichnet. Dies können neben grammatischen Sätzen auch Einwortsätze oder nicht zu Ende gesprochene Äußerungen sein (vgl. ebd.). Phonetisch manifestiert sich die Intonationseinheit durch eine zu Beginn ansteigende Grundfrequenz, die dann langsam und kontinuierlich zum Ende hin abfällt. Die Grundfrequenz verläuft dabei jedoch nicht stetig, sondern bewegt sich zwischen einer „Basislinie" und einer „Dachlinie" auf und ab, d.h. sie bildet Minima und Maxima mit abfallender Tendenz (vgl. Abb. 7.1).

Wie oben schon angedeutet, ist es jedoch nicht nur der Tonhöhenverlauf, der die Intonationseinheit kennzeichnet. Neppert ([4]1999: 161) zufolge wird die Intonationseinheit i.d.R. nicht durch Atmungsvorgänge unterbrochen, wodurch unmarkierte Äußerungen (d.h. ohne besondere Akzentuierung, wie in einem einfachen Aussagesatz), einen „stetig abfallenden subglottalen Druck" (Neppert, ebd.) aufweisen. Dies lässt sich einfach nachvollziehen, wenn man einen Satz nach der Einatmung ohne weiteres Luftholen spricht: Die in der Lunge befindliche Luft wird beim Sprechen durch das gleichzeitige Ausatmen kontinuierlich weniger, der zu Beginn noch hohe Druck in der Lunge fällt ab. Wenn die Luft nicht ausreicht, um einen – längeren – Satz zu Ende zu sprechen, muss wieder eingeatmet werden. Der Druck wird wieder erhöht und man würde konsequenterweise von einer neuen Intonationseinheit ausgehen.

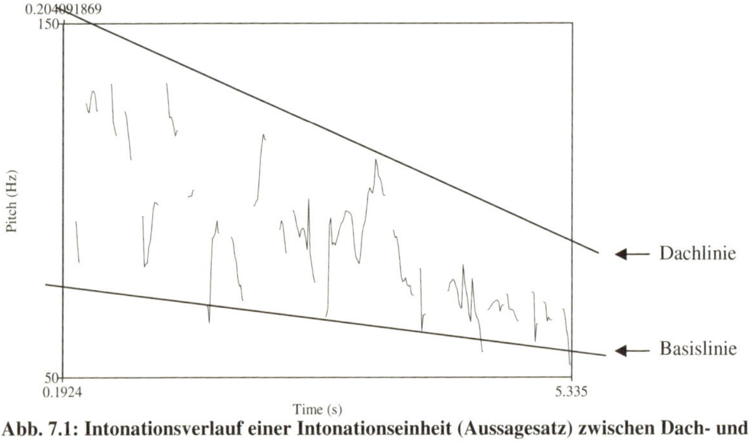

Abb. 7.1: Intonationsverlauf einer Intonationseinheit (Aussagesatz) zwischen Dach- und Basislinie.

Aus den bisherigen Ausführungen ergibt sich auch, dass die prosodischen Phänomene Akzent und Intonation innerhalb der Äußerung zusammenfallen; dadurch, dass die Grundfrequenz und der supraglottale Druck zum Äußerungsende hin abfallen, sind die späten Maxima innerhalb der Intonationskurve i.d.R. von niedriger Frequenz und geringerem Druck als frühe Senkungen, dies lässt sich auch in Abb. 7.1 gut erkennen. Ein auditiv wahrnehmbarer Satzakzent am Ende einer Intonationseinheit ist deshalb – zumindest bei Aussagesätzen – häufig akustisch gar nicht als prominentestes Element messbar. Interessanterweise nimmt der Hörer die Betonung und damit die Informationsstruktur des Satzes i.d.R. trotzdem richtig wahr.

Zusammenfassung: Wir haben in diesem Kapitel gesehen, dass Phonologie weitaus mehr ist, als die Beschäftigung mit einzelnen Lauten und ihrer Systematik. Zwar wird das Phonem gemeinhin als das kleinste bedeutungsunterscheidende Element der Sprache definiert, aber auch suprasegmentale Erscheinungen wie die Intonation und der Akzent tragen nicht unerheblich zur Bedeutungsdifferenzierung bei.

Aufgabe 1: Sprechen Sie die folgenden Sätze bzw. Phrasen mit a. fallender, b. steigender, c. schwebender Intonation. Wie sind die Äußerungen jeweils zu verstehen?
a. *„Er kommt mit ins Kino"*, b. *„Ohne mich"*, c. *„Weil Weihnachten ist"*
Aufgabe 2: Syllabieren Sie folgende Wörter und bestimmen Sie jeweils die Betonungsmuster: a. *beschreiben*, b. *geheim*, c. *Salz*, d. *salzen*, e. *Butterbrot*, f. *Butterbrote*, g. *Zauberer*
Aufgabe 3: Suchen Sie zehn native (deutsche) Substantive, die in der Nominativ-Singular-Form einsilbig sind, und zehn weitere, die in derselben Form zweisilbig sind. Wie bilden die Wörter jeweils den Plural?

Grundbegriffe: Metrische Phonologie, Fuß, Kopf, Trochäus, Jambus, degenerierter Fuß, Auftaktsilbe, Wortakzent, Hauptakzent, Nebenakzent, Satzakzent, Intonation, Intonationseinheit.

Weiterführende Literatur: Hall (2000), Kohler (1995), Maas (^{2}2006), Neppert (1999), Nespor/Vogel (1986); Wiese (2000); Pompino-Marschall (^{2}2003); Hayes (1981, 1995), Musan (2010).

8. Phonologie und Orthographie

Ein jahrhundertealter Grundsatz des Schreib-Lese-Unterrichts, der auch heute noch nicht gänzlich aus der Schulpraxis verschwunden ist, lautet „Schreib, wie du sprichst". Dabei wird offenbar angenommen, gesprochene und geschriebene Sprache seien im Grunde dasselbe. In der wissenschaftlichen und didaktischen Beschäftigung mit Phonologie und Orthographie ist es jedoch wichtig, die beiden Ebenen auseinander zu halten, da sonst Missverständnisse und Falschdarstellungen generiert werden. Um die wissenschaftliche Betrachtung der Wortschreibung geht es im vorliegenden Kapitel, die didaktischen Aspekte werden wir in Kap. 9 genauer betrachten.

8.1 Das Verhältnis zwischen Lauten und Buchstaben

Was das Verhältnis zwischen gesprochener und geschriebener Sprache betrifft, so ist offenkundig, dass es sich bei der deutschen Orthographie nicht um eine Lautschrift handelt, wie es etwa das Transkriptionssystem IPA darstellt. Dies kann recht anschaulich anhand von Kinderschreibungen illustriert werden, die, da sie sich zunächst an der phonetischen Äußerung orientieren, von der orthographischen Form z.T. stark abweichen (Abb. 8.1).

Abb. 8.1: Schreibungen eines Schriftanfängers

Wie oben schon gesagt, widmen wir uns dem Schrifterwerb im nächsten Kapitel. An dieser Stelle sei schon einmal darauf hingewiesen, dass die Wortschreibungen des Kindes nicht orthographisch korrekt, jedoch phonetisch recht exakt sind. Transkribiert man beispielsweise das Wort *Hammer* ([hamɐ]), so wird deutlich, warum die Kinder zu Beginn des Schrifterwerbs *<hama> schreiben. Die korrekte Schreibung <Hammer> beinhaltet dagegen orthographische Markierungen, die ein entsprechendes Wissen über die schriftsprachlichen Konventionen im Deutschen erfordern.

Auch an den Transkriptionen in (1) wird deutlich, dass wir im Deutschen nicht von einer 1:1-Relation zwischen gesprochener und geschriebener Sprache ausgehen können:

(1) a. <Ritter> [ʁɪtɐ]
b. <lieb> [liːp]
c. <gewesen> [gəveːzn̩]
d. <fertig> [fɛɐtɪç]
e. <Ferien> [feːʁiən]

Das orthographische Wort in (1a) weist zweimal den Buchstaben *r* auf, zum einen als Graphem <r>, welches als [ʁ] realisiert wird, zum anderen als Teil des Graphems <er>, das mit dem tiefen Schwa [ɐ] korrespondiert. Außerdem stehen sechs Buchstaben nur vier Phonen gegenüber. (1b) beinhaltet das Graphem <e>, dem hier jedoch kein Vollvokal /e/ entspricht, außerdem <b>, welches hier mit einem stimm*losen* Laut korrespondiert. In (1c) sieht man dreimal das Graphem <e>, das jedoch jeweils unterschiedliche phonologische Entsprechungen aufweist: einmal Schwa, dann gespanntes [e], und schließlich eine leere Lautmenge [ ], da Schwa in gemäßigter Hochlautung vor Nasal nicht realisiert wird. (1d) und (1e) weisen zu Beginn gleiche graphematische Strukturen auf, die jedoch ganz unterschiedlichen phonologischen Mustern entsprechen. Diese Beispiele deuten bereits an, dass es für das Deutsche wohl wenig Sinn ergibt, vom einzelnen Segment auszugehen, um das Laut-Schrift-Verhältnis zu beschreiben.

Eine zentrale Domäne für die Beschreibung graphematischer Regularitäten im Deutschen ist die Silbe. Wie wir in den vorigen Kapiteln eingehend erörtert haben, weist das Gesprochene eine Struktur auf, in der die kleinsten Einheiten nach phonotaktischen Regeln in Silben angeordnet sind. Ähnliche Bedingungen finden wir in der Schrift: Hier haben die Einheiten bestimmte Funktionen, je nachdem, in welcher Position sie auftreten. So ist ein <e> nicht kontextfrei dem Laut [e] zuzuordnen, sondern besitzt verschiedene Realisationsweisen, je nach silbischer Umgebung, vgl. (2).

(2) a. <e> → [eː], z.B. *Gel* ([g**eː**l])
b. → [ɛ], z.B. *Geld* ([g**ɛ**lt])
c. → [e], z.B. *Gelee* ([ʒ**e**.ˈleː)
d. → [ə], z.B. *gelesen* ([g**ə**.ˈleː.zn̩])
e. → [ ], z.B. *gelesen* (gə.ˈleː.zn̩)
f. <er> → [ɐ], z.B. *Leser* (ˈleː.z**ɐ**); v**er**lesen [f**ɐ**.ˈleː.zn̩]

In (2) sind die unterschiedlichen lautlichen Entsprechungen für <e> aufgelistet; in betonten Silben kann es als gespannter Langvokal realisiert sein (2a) oder als ungespannter Kurzvokal (2b). Da vokalische Länge im Deutschen ausschließlich unter Betonung vorkommt, sind gespannte Vokale in unbetonten Silben kurz (2c). Im dritten Silbentyp, der Reduktionssilbe, gibt es keine Vollvokale, sondern ausschließlich Reduktionsvokale (Schwa) (2d). In einer weiteren Reduktionsstufe weist dieser Silbentyp im Kern gar keinen Vokal, sondern einen silbischen Sonoranten auf (2e). In (2f) bilden die Buchstaben bzw. **Graphen** e und r gemeinsam das Graphem <er>, welches mit dem tiefen Schwa ([ɐ]) korrespondiert, allerdings nur in Reduktionssilben; in betonten Silben entspricht ihm in gemäßigter Hochlautung [ɛɐ], vgl. <fertig> [ˈfɛɐ.tɪç]. Nach diesen Ausführungen können wir die zentralen Begriffe *Buchstabe* und *Graphem* exakter definieren: Wie beim Laut bzw. Phon handelt es sich beim Buchstaben um ein funktional noch nicht weiter bestimmtes Element aus der Menge der schriftsprachlichen Zeichen (in der deutschen Schrift dem Alphabet). Das Graphem hingegen ist hinsichtlich seiner Funktion im Schriftsystem einer Sprache determiniert. So ist „e" zunächst ein Buchstabe des deutschen Alphabets, nicht mehr und nicht weniger; das Graphem <e> hingegen hat zum Beispiel die Funktion, [e] zu repräsentieren (2c). Aufgrund der jeweils unterschiedlichen Funktionen sind in (2a-e) **Allographen** von <e> dargestellt. Ein Graphem, das aus zwei Buchstaben besteht, wird **Digraph** genannt, eines aus drei Buchstaben **Trigraph** und beide werden unter dem Terminus **Mehrgraph** subsumiert.

In welcher Weise diese Funktionen von der Silbenstruktur bzw. dem Silbentyp abhängen, in dem *e* steht, zeigen die Beispiele (3) und (4).

(3) *Entsprechungen von <e> in den einzelnen Silbentypen:*

betonte Silbe	neutrale Silbe	reduzierte Silbe
[eː], [ɛ]	[e], [ɛ]	[ə], [ ]

(4) *Entsprechung von <r> in betonten und neutralen Silben:*
a. <r> → [ʁ], z.B. Rat ([ʁɑːt]), Gerede ([gə.ˈʁeː.də])
b. → [ɐ], z.B. Tier ([tiːɐ])

Die bisherigen Beispiele belegen, dass mit kontextfreien Graphem-Phonem-Bezügen die Schreibweisen nicht angemessen beschreibbar sind. Erst auf Grundlage der Silbenstruktur wird es möglich, eindeutige Bezüge herzustellen und Konventionen der deutschen Wortschreibung als regelhaftes System darzustellen.

Die Ebene der Schriftsprache, auf der die phonologischen Strukturen der gesprochenen Sprache kodiert sind, wird als **Phonogra-**

phie bezeichnet. Dies sind zum einen die Grapheme als die kleinsten funktionalen Einheiten der Schrift, zum anderen sind dies jedoch auch Schreibungen, die sich auf komplexere phonologische Strukturen als das singuläre Phonem beziehen, nämlich die der Silbe. Dabei handelt es sich insbesondere um Schreibungen, die die lautlichen Verhältnisse an der Fuge zwischen der betonten und der reduzierten Silbe einer zweisilbigen Form markieren bzw. um solche, die die Anschlussverhältnisse innerhalb der betonten Silbe kennzeichnen.

In den meisten Darstellungen zur deutschen Wortschreibung ist von sog. „Prinzipien" die Rede, als deren oberstes das sog. phonologische Prinzip gilt. Dabei wird von sog. Phonem-Graphem-Korrespondenzen ausgegangen, das sind regelhafte Zuordnungen von Segmenten der phonologischen zu denen der graphematischen Ebene (Dürscheid ^{3}2006, Eisenberg 1998, Nerius ^{4}2007; ein differenzierterer Korrespondenzbegriff findet sich bei Neef 2005). In (5) ist diese Zuordnung illustriert. Eisenberg und andere Autoren postulieren, dass diese Zuordnung von Graphemen und Phonemen im Deutschen so regulär sei, dass mit ihm „die Schreibung vieler Wortformen [...] richtig hergeleitet werden kann" (Eisenberg 2007: 71).

(5) [b aʊ m]
↕ ↕ ↕
<B au m>

Die Korrespondenzliste in Abb. 8.2 stammt aus der Duden-Grammatik (^{7}2005) und steht beispielhaft für Zuordnungsschemata dieser Art.

Konsonanten

[p]	→ <p>	[pʊlt]	– <Pult>	[χ]	→ <ch>	[vaχ]	– <wach>
[t]	→ <t>	[tɑːl]	– <Tal>	[v]	→ <w>	[vɪnt]	– <Wind>
[k]	→ <k>	[kalt]	– <kalt>	[z]	→ <s>	[zɔnə]	– <Sonne>
[kv]	→ <qu>	[kvɑːl]	– <Qual>	[j]	→ <j>	[jɑːʀ]	– <Jahr>
[b]	→ <b>	[bʊnt]	– <bunt>	[h]	→ <h>	[huːt]	– <Hut>
[d]	→ <d>	[doːm]	– <Dom>	[m]	→ <m>	[muːs]	– <Mus>
[g]	→ <g>	[gʊnst]	– <Gunst>	[n]	→ <n>	[noːt]	– <Not>
[f]	→ <f>	[fɪʃ]	– <Fisch>	[ŋ]	→ <ng>	[ʀɪŋ]	– <Ring>
[s]	→ <ß>	[ʀuːs]	– <Ruß>	[l]	→ <l>	[lʊft]	– <Luft>
[ʃ]	→ <sch>	[ʃʀoːt]	– <Schrot>	[ʀ]	→ <r>	[ʀɪŋ]	– <Ring>

Affrikate

[t͡s]	→ <z>	[t͡sɑːn]	– <Zahn>

Abb. 8.2: Phonem-Graphem-Korrespondenzen der Konsonanten (Duden-Grammatik ^{7}2005)

Aus phonologischer Sicht ist es zwar legitim, solche Korrespondenzen anzunehmen, schließlich handelt es sich hier um eine *Modellierung* sprachlicher Strukturen, die wie in anderen sprachwissenschaftlichen Bereichen auch immer ein gewisses Maß an Abstraktion aufweist. Man muss sich jedoch darüber im Klaren sein, dass diese Konstruktionen wirklich nur Modellcharakter besitzen und einer empirischen Überprüfung häufig nicht standhalten. Die Phonetik nämlich kommt zu vollkommen anderen Ergebnissen. Danach besteht die gesprochene Sprache eben nicht aus diskreten Einheiten, sondern stellt ein lautliches Kontinuum dar, in dem bestimmte Merkmale aufeinanderfolgen, sich gleichzeitig jedoch stark überlagern, so dass eine Grenzziehung schwierig ist. Dazu kommt, dass es z.B. nicht möglich ist, einzelne Laute einfach „herauszuschneiden", auch wenn dies in der akustischen Phonetik mithilfe elektronischer Geräte problemlos realisierbar wäre. Aufgrund des **koartikulatorischen** Ineinandergreifens der Artikulationsbewegungen während der Äußerung überlagern sich die einzelnen Laute in einem phonetischen Signal, so dass es zwischen ihnen keine eindeutigen Grenzen geben kann. In Abb. 8.3 ist dies schematisch dargestellt, die horizontalen Linien symbolisieren die jeweiligen Lautspektren.

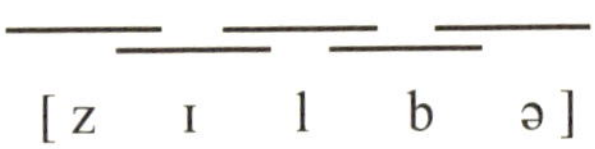

Abb. 8.3: Schematische Darstellung von Koartikulation

Mithilfe entsprechender Programme (sog. Sonagraphen) ist es technisch ohne weiteres möglich, einzelne Segmente herauszuschneiden, interessanterweise erinnern solch isolierte Sprachfragmente aber eher elektronischen Geräuschen als natürlicher Sprache. Übrigens beschreibt Pompino-Marschall (^{2}2003: 7f.) im Zusammenhang mit den frühesten sonagraphischen Sprachuntersuchungen die Überraschung der Forscher, als sie entgegen ihrer Erwartung in den analysierten Sprachsignalen keine diskreten Lauteinheiten wahrnahmen. Eine Anleitung zur Arbeit mit dem Sonagraphen findet sich übrigens ebenfalls in Pompino-Marschall (^{2}2003), ein entsprechendes Programm ist kostenlos im Internet verfügbar (www.praat.org).

Was in der Phonetik seit fast 80 Jahren anerkannt ist, hat sich indes in der modernen Schriftforschung, insbesondere der Schriftdidaktik als ausgesprochen unpopulär erwiesen. Hier wird konsequent an der Theorie von der Lautkette festgehalten und in den Schriftlehrgängen entsprechend didaktisiert (vgl. das folgende Kapitel). Ein weiteres Problem segmentbezogener Ansätze zur Orthographie neben der fehlenden phonetischen Grundlage besteht v.a. in der Suggestion, Alphabetschrift und gesprochene Sprache wiesen gleichermaßen eine Struktur aus einzeln segmentierbaren Einheiten auf, eben Phonemen und Graphemen, die sich in einer Art 1:1-Beziehung einander zuordnen ließen, was so jedoch nicht zutrifft, wie die Beispiele (6) und (7) zeigen:

(6) [k ɛ t ə]
↕ ↕ ↕ ↕
<k e tt e>

(7) [ʃ t r ɑ : l] [ʃ ɑ : l]
↕ ↕ ↕ ↕ ↕ ↕ ↕ ↕ ↕ ↕
<s t r a h l> <sch a l>

In Bsp. (6) folgt einzig das erste Segment einer Default-Zuordnung zwischen Phonem- und Graphemebene. Die Phoneme [ɛ] und [ə] sind durch dasselbe Graphem <e> repräsentiert, was eine kontextfreie Zuordnung unmöglich macht. Ebenso ist unklar, wie man von dem Konsonanten [t] zu dem doppelten Graphem <tt> kommt; hier wird deutlich, welchen Nutzen phonographische Modelle wie das der Anschlusskorrelation oder der Gelenkschreibung (Kapitel 6) für die Beschreibung der Graphematik besitzen. Die Beispiele <Strahl> und <Schal> in (7) weisen ganz ähnliche Segmentfolgen auf, trotzdem werden sie unterschiedlich geschrieben. Demselben Phonem, dem postalveolaren Frikativ [ʃ], entspricht einmal <sch>, das andere Mal <s>. Wenn wir die beiden Konsonanten [ʃt] gemeinsam als Phonem annehmen würden, das als <st> verschriftet wird, ergäben sich Gegenbeispiele, vgl. <(er) wäscht>. Ein weiterer Unterschied liegt in dem Längenzeichen der lautlichen Form ([:]), welches in <Strahl> durch <h>, in <Schal> dagegen nicht graphisch repräsentiert ist. Auch hier ist es also nicht möglich, eine eindeutige Zuordnungsregel zu formulieren.

8.2 Silbische Schreibungen

Schauen wir uns zunächst die Beispiele in (8) an.

(8) a. <Watte> [vatə], <kenne> [kɛnə], <Wolle> [vɔlə]
b. <sehnte> [zeːntə], <wohnst> [voːnst]
c. <gehen> [ˈgeː.ə], <höher> [ˈhøː.ɐ]
d. <Hund> [hʊnt], <Tag> [tʰɑːk]

In (8a) sehen wir Wörter mit Doppelkonsonantenschreibungen, welche jeweils mit einem einfachen konsonantischen Phonem korrespondieren; (8b) und (8c) weisen <h>-Grapheme ohne lautliche Entsprechung auf; in (8d) korrespondieren Grapheme, die eigentlich einen stimmhaften Obstruenten repräsentieren, mit dem entsprechenden stimmlosen Laut. An den Beispielen in (8) wird deutlich, dass Buchstaben also nicht nur die Funktion besitzen, lautliche Segmente, sondern auch nicht-segmentale sprachliche Strukturen zu repräsentieren. Interessanterweise handelt es sich bei den Beispielen in (8) übrigens um solche Graphien, die in den Schreibungen von Schriftanfängern, wie oben in Abb. 8.1, nicht vorkommen (hierzu mehr im folgenden Kapitel).

Wie sind die Schreibungen in (8) zu erklären? Bei der Doppelkonsonantenschreibung in (8a) handelt es sich um eine besondere Graphie im Deutschen, die als **Schärfungsschreibung** bezeichnet wird. Die h-Schreibungen in (8b) und (8c) werden aufgrund der jeweils fehlenden segmentalen Korrespondenz häufig unter dem Ausdruck „stummes h“ zusammengefasst; tatsächlich handelt es sich hier jedoch um zwei unterschiedliche Phänomene, und zwar um die sog. **Dehnungsschreibung** (8b) und um das **silbentrennende h** (8c).

Schärfungs- und Dehnungsschreibungen in der deutschen Orthographie resultieren aus der Tatsache, dass die 14 Vollvokale des Deutschen mit nur 8 Graphemen verschriftet werden. Um die Opposition graphisch zu repräsentieren, nutzt die deutsche Orthographie also nicht die Möglichkeit der Kennzeichnung im Vokalgraphem selbst, sondern im nachfolgenden Konsonantengraphem, indem dieses verdoppelt wird. Der Konsonant weist dagegen keine phonetischen Unterschiede auf. Abb. 8.4 illustriert dies am Bsp. des Wortpaares *Schotte/Schote*: In dem Sonagramm ist deutlich zu sehen, dass sich die intervokalischen Konsonanten ([t]) quantitativ, also im Merkmal der Dauer, gleichen, die Vokale der ersten Silbe jedoch nicht: In *Schote* ist das gespannte [o] mit 0,15 Sekunden mehr als doppelt so lang wie der ungespannte Vokal [ɔ] in dem Wort *Schotte* (0,06 s). Die Wörter *Schotte* und *Schote* unterscheiden sich also ausschließlich in den Vokalen der betonten Silben. In der Orthographie werden sie dagegen im Graphem für den darauf folgenden Konsonanten differenziert und nicht im Vokalgraphem.

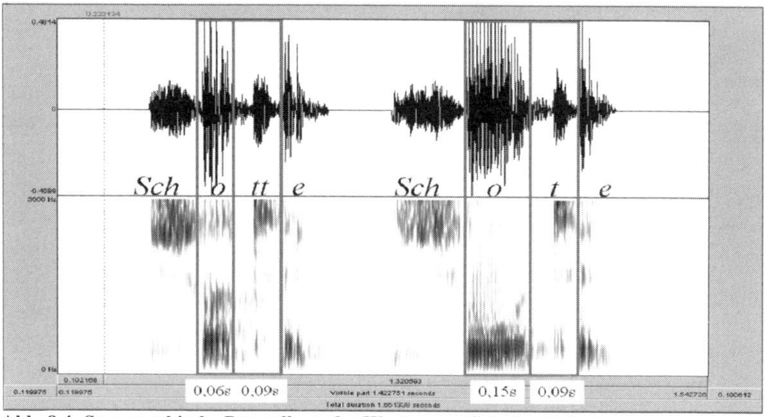

Abb. 8.4: Sonagraphische Darstellung des Wortpaares Schotte - Schote

Die Asymmetrie zwischen Vokalismus und graphischer Repräsentation besteht im Deutschen bei allen Vokalen:

(9) [o] / [ɔ] → <o>
[e] / [ɛ] → <e>, <ä>
[u] / [ʊ] → <u>
[a] / [ɑ] → <a>
[ø] / [œ] → <ö>
[y] / [ʏ] → <ü>

Einzig der gespannte i-Vokal wird in betonter Silbe besonders bezeichnet, nämlich durch das Graphem <ie>. Da wir von dieser Ausnahme abgesehen keine Möglichkeit haben, gespannte und ungespannte Vokale graphisch zu unterscheiden, nutzt die deutsche Orthographie hierfür die Schärfungsschreibung. Diese Möglichkeit besteht dadurch, dass es im Deutschen keine Langkonsonanten gibt, und die graphische Verdopplung dadurch gewissermaßen frei ist.

Bei der Dehnungsschreibung wie in den Beispielen unter (8b) handelt es sich um die Kehrseite der Schärfungsschreibung; markiert wird der lose Anschluss an den nachfolgenden Konsonanten, wenn dieser im Endrand derselben Silbe steht wie der Vokal, vgl. *Stuhl, Bahn, lahm.* In der Forschung finden sich zur Dehnungsschreibung z.T. sehr unterschiedliche Erklärungsansätze, je nachdem, welche Domäne man zugrundelegt, das einzelne Segment oder die Silbenstruktur. In der Hauptsache existieren zwei Theorien, von denen die eine als **segmentbasierter Ansatz**, die andere als **silbenbasierter Ansatz** bezeichnet werden kann. Vertreter eines segmentbasierten Ansatzes (z.B. Neef 2005, Nerius [4]2007) definieren die Dehnungsschreibung als Markierung eines segmentalen Merkmals (hier vokalische Länge bzw. Gespanntheit); ein Wort wie *Stuhl* enthält danach ein Dehnungs-h, um den davorstehenden Vokal [u] als lang bzw. gespannt zu markieren. In diesem Sinne spricht Fuhrhop ([3]2009) nicht von Dehnungs- bzw. Schärfungsschreibung, sondern von einer „Markierung der Vokalgespanntheit" und meint damit zum einen die <h>-Schreibung, <ie>-Schreibung und die Vokalgraphemverdoppelung als graphische Zeichen für gespannte Vokale (10a), zum anderen die doppelte Konsonantenschreibung als Markierung für ungespannte Vokale (10b) sowie auch die Fälle, in denen aufgrund graphematischer Regularitäten keine besondere Markierung notwendig ist, die Vokalqualität aber dennoch eindeutig interpretierbar ist (10c-d).

(10) a. Kiel [ki:l], Stuhl [ʃtuːl], Moos [mo:s]
b. Butter [bʊtɐ],
c. Fenster [fɛnstɐ],
d. Düne [dyːnə]

Demgegenüber verstehen silbenorienterte Arbeiten (besonders Maas 2000 und Eisenberg 1998) die Dehnungsschreibung als eine Kennzeichnung spezifischer wortprosodischer Strukturen. Maas (2000) zufolge ist die Dehnung – wie auch die Schärfung – in der Anschlusskorrelation der gesprochenen Sprache fundiert (vgl. Kapitel 6). Notwendig wird die Dehnungsschreibung Maas zufolge dort, wo das phonologische Wort losen Anschluss des Vokals in betonter Silbe an einen Konsonanten in der gleichen Silbe aufweist (= *tautosyllabischer* loser Anschluss, < griech. *tautos* ‚der gleiche'), wie es in dem Beispielwort <Stuhl> der Fall ist. Nicht notwendig ist sie dagegen bei losem Anschluss des betonten Vokals an einen Konsonanten der Folgesilbe, z.B. <Düne> (= heterosyllabischer loser Anschluss, < griech. *heteros* ‚der andere von beiden').

Eisenberg ([3]2006) klassifiziert die Dehnung als sog. „silbische Schreibung", da sie „die Interaktion von Kern und Endrand" der betonten Silbe betreffe ([3]2006: 297).

Der silbenbasierte Ansatz zur Dehnung und Schärfung wird auch in der vorliegenden Arbeit vertreten, weil der segmentbasierte Ansatz Ausnahmen erzeugt, die nicht erklärt werden können; so unterscheidet eine Sichtweise, die einzig auf die Dauer- bzw. Gespanntheitsopposition abstellt, nicht zwischen flektierenden und nichtflektierenden Wörtern. Funktionswörter wie *an, in, das, um* etc. müssten dann ebenfalls mit Schärfung geschrieben werden, da der (betonte) Vokal jeweils gespannt lautet. Das gleiche betrifft sog. unikale Morpheme wie *Him-*(*beere*), *Brom-*(*beere*) und *Dam-*(*wild*) (unikal meint, dass diese Morpheme nur in der betreffenden Form belegt sind, also auch nicht flektiert werden). Nach dem silbenbezogenen Ansatz ist es gerade diese Eigenschaft der fehlenden Flexion, die die Schreibung ohne Schärfungsmarkierung regulär sein lässt; wie oben dargestellt, markiert die Schärfungsschreibung heterosyllabischen festen Anschluss, also den Fall einer offenen betonten Silbe mit ungespanntem Vokal, der fest an den Konsonanten der Folgesilbe angeschlossen ist. Die Beispielwörter weisen jedoch alle tautosyllabischen festen Anschluss auf, also Anschluss des Vokals an den Konsonanten derselben Silbe. Hier greift das Prinzip der Konstantschreibung, nach dem im Deutschen Wortstämme innerhalb der gesamten Wortfamilie bzw. dem Paradigma graphisch möglichst gleich repräsentiert werden. Da sich aufgrund von Prä- und Suffigierung die Silbenstrukturen der Wortformen bei Flexion und Wortbildung z.T. ändern, besitzen nicht alle Formen die phonologischen Eigenschaften, die eine bestimmte silbische Schreibung erfordern. Z.B. benötigt <Mann> nach dem silbenbasierten Ansatz aufgrund der Lautstruktur keine Schärfungsschreibung, vgl. <man> = [man]. Sie wird jedoch vererbt von einer Form wie <Männer>, die ohne Schärfungsschreibung falsch rekodiert würde, nämlich mit gespanntem Vokal bzw. losem Anschluss (*<Mäner> - [mɛːnɐ])]. Während also die Schärfungsschreibung durch die zweisilbige Form „gestützt" wird, ist bei der Dehnungsschreibung umgekehrt der Einsilber Stützform: Loser Anschluss des Vokals an einen Konsonanten innerhalb der gleichen Silbe verlangt in der Schreibung ein Dehnungszeichen, um zu verhindern, dass der Vokal ungespannt rekodiert wird. Daher stützt die Form <Bahn> die Dehnungsschreibung in <Bahnen>, wo sie nicht motiviert ist. Eisenberg ([3]2006) verwendet für das gleiche Konzept den Ausdruck **Explizitform**.

Oben in (8c) wurden weitere Beispiele für h-Schreibungen angeführt, die wie das Dehnungs-h kein Phonem repräsentieren, sondern eine andere Funktion der phonographischen Kennzeichnung haben. In Wörtern wie <gehe> und <höher> markiert das <h> die Fuge zwischen der betonten und der reduzierten Silbe, die hier phonologisch nicht durch einen Konsonanten belegt ist. Anders im Gesprochenen: Auf eine offene betonte Silbe folgt eine nackte reduzierte Silbe, es treffen also zwei Vokale aufeinander (11).

(11)
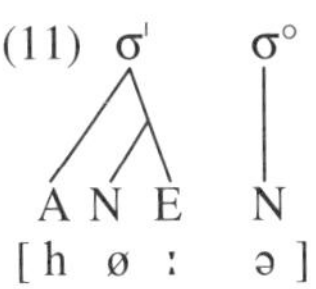

<Höhe>

Was phonologisch im Deutschen unproblematisch ist, wird graphematisch tendenziell vermieden und zwar durch ein h-Graphem. Aus diesem Grund wird es als silbentrennendes <h> bezeichnet (in der Literatur findet sich daneben der alternative Terminus silbeninitiales h, z.B. bei Eisenberg [3]2006; Nerius [4]2007). <h> eignet sich deshalb für diese Funktion, weil es in dieser Position keine phonemische Entsprechung hat: Der Frikativ [h], der im Deutschen distributionell stark eingeschränkt ist, kommt nur im Anlaut betonter und nicht reduzierter Silben vor. Durch das Stammkonstanzprinzip, demzufolge Wortstämme innerhalb der Wortfamilie auch bei phonologischer Variation möglichst konstant geschrieben werden (vgl. <Apfel> - <Äpfel>) wird die <h>-Graphie auf verwandte Wortformen übertragen, in denen es keine silbentrennende Funktion besitzt, wie etwa im Fall von <ruht> wegen <ruhen>.

Auslautschreibung: Der letzte in (8) dargestellte Fall betrifft Schreibungen von stimmlosen Obstruenten mit dem Graphem für den stimmhaften Laut, z.B. <Hund> und <Tag>. Im Schulunterricht und auch alltagssprachlich wird oft die Erklärung gegeben, dass <Hund> mit <d> geschrieben werde, weil es von *Hunde* komme; Schüler lernen als Faustregel, dass sie den Plural bilden müssen. Tatsächlich hat die Schreibweise nichts mit irgendwelchen morphologischen Formen zu tun. Nicht der Plural ist hier entscheidend, sondern die phonologische Wortstruktur. Die zugrundeliegende Regularität wird deutlich, wenn man sich die Konstituentenstrukturen der Wörter ansieht (12).

(12)

[h ʊ nt] [h ʊ n d ə]

[t ɑ :k] [t ɑ : g ə]

Die Darstellungen in (12) verdeutlichen die Zusammenhänge zwischen Phonologie und Orthographie: Im Silbenauslaut ist der Stimmhaftigkeitskontrast von Obstruenten neutralisiert (= Auslautverhärtung, vgl. Kapitel 5), nicht jedoch im Anfangsrand. Aufgrund des orthographischen Prinzips der Konstantschreibung wird dieser phonologische Unterschied in der Schrift nicht bezeichnet, sondern das zugrundeliegende Merkmal [+ sth] in allen Silbenpositionen repräsentiert. Die Stützform ist in diesem Fall die zweisilbige Form, in der der betreffende Laut am Silbenanfang steht.

Zusammenfassung: An dieser Stelle sei noch einmal hervorgehoben, dass es eines der Ziele dieses Buches ist, Einblicke in die Zusammenhänge zwischen geschriebener und gesprochener Sprache zu geben. Was die Schriftforschung seit langem umtreibt, ist die Frage, ob gesprochene und geschriebene Sprache zwei getrennte und jeweils autonome Systeme darstellen, oder ob ein Abhängigkeitsverhältnis zwischen beiden besteht. Vertreter der ersten Position, der sog. **Autonomiehypothese**, sehen die Schrift als eigenständiges, von der gesprochenen Sprache unabhängiges System an, während der zweite Ansatz, die **Dependenzhypothese**, davon ausgeht, dass die Schrift als sekundäres Sprachsystem vom Gesprochenen regelhaft abgeleitet ist. Wir werden diese Frage an dieser Stelle nicht diskutieren, es sei aber verwiesen auf die ausführlichen Erörterungen der Thematik in Dürscheid ([3]2006) und Glück (1987). Ungeachtet dieser Diskussionen konnten wir mit unseren Ausführungen in diesem Kapitel zeigen, dass es eine gemeinsame Basis gibt, auf der sowohl Phonologie als auch Orthographie organisiert sind. Beide Systeme folgen also ähnlichen Regeln und stehen in einer Beziehung zueinander. Diese Beziehung wird in Neijt (2002: 12) folgendermaßen modelliert:

(13)

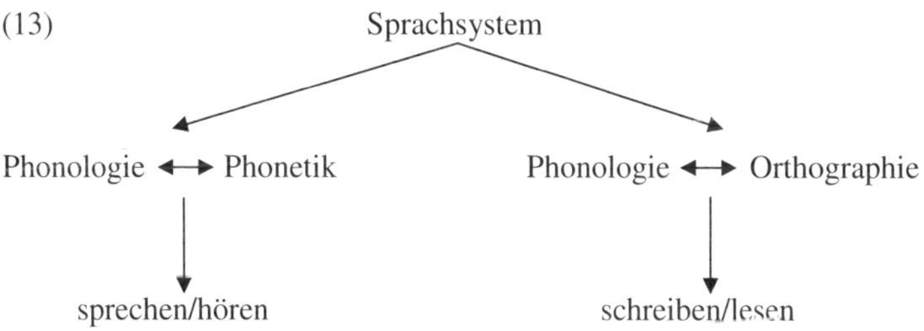

Neben den hier dargestellten phonographischen Bereichen der Schrift gibt es natürlich weitere, die auf Ebenen oberhalb des Wortes angesiedelt sind, wie dem Satz (Großschreibung, Getrennt-Zusammenschreibung) und dem Text (Interpunktion). Diese Bereiche sind hier nicht Thema, vgl. aber den ebenfalls in dieser Reihe erschienenen Band von Fuhrhop ([3]2009) zur Orthographie.

Aufgabe 1: Die Wörter in folgender Liste weisen alle den Buchstaben r auf. Transkribieren und syllabieren Sie die Wörter und stellen Sie fest, in welchen Positionen diesem Buchstaben welches Phonem entspricht.
a. *Rad*, b. *vier*, c. *Verlust*, d. *Türen*, e. *Karren*, f. *Kutter*, g. *Berg*, h. *Gerede*, i. *Torte*, j. *Doktor*, k. *Doktoren*, l. *rhetorisch*, m. *Kreis*, n. *Fürst*.
Aufgabe 2: Transkribieren Sie die folgenden Wörter, zeichnen Sie Silbenbäume ein und bestimmen Sie die Silbentypen. In welchen Positionen wird das h-Graphem lautlich realisiert, an welchen nicht?
a. *Hose*, b. *Ehe*, c. *roh*, d. *geheim*, e. *Husar*, f. *Verleiher*, g. *Anhöhe*
Aufgabe 3: Wörter wie *Türen*, *Bären*, *bohren*, *fahren* werden in Explizitlautung zweisilbig angesetzt, umgangssprachlich werden sie jedoch einsilbig realisiert. Welche Auswirkung hat die Einsilbigkeit gegenüber der zweisilbigen Form auf die lautliche Realsierung des <r>?
Aufgabe 4: Überlegen Sie, inwieweit die Schreibungen <und>, <ob>, <ab> vor dem Hintergrund der Ausführungen unter 8.2 irregulär sind.
Aufgabe 5: Versuchen Sie, die unterschiedliche Schreibung des Silbenreims in <Reh> und <Fee> unter Rückgriff auf mögliche Stützformen phonologisch zu begründen.
Aufgabe 6: Transkribieren Sie die folgenden Wörter und vergleichen Sie sie jeweils mit den Kinderschreibungen in Abb. 8.1. Was fällt auf?
a. *Eimer*, b. *Winter*, c. *Mäuse*, d. *Spiegel*, e. *Fahrrad*
Aufgabe 7: Woran könnte es liegen, dass der [x]-Laut von Schriftanfängern wie bei *<Kuren> für <Kuchen> häufig mit dem Buchstaben r verschriftet wird? Hinweis: Suchen Sie die beiden korrespondierenden Laute [x] und [ʁ] auf der IPA-Tabelle im Anhang und machen Sie eine Artikulationsprobe.
Aufgabe 8: Finden Sie jeweils zehn Wörter, in denen <h> lautrepräsentierende, silbentrennende und dehnungsanzeigende Funktion besitzt.

Grundbegriffe: Graph, Graphem, Koartikulation, Phonographie, silbenbasierter Ansatz, segmentbasierter Ansatz, Dehnungsschreibung, Schärfungsschreibung, silbentrennendes *h*, Stützform, Dependenzhypothese, Autonomiehypothese.

Weiterführende Literatur: Augst (1985), Dürscheid ([3]2006), Eisenberg ([3]2006), Fuhrhop ([3]2009), Glück (1987), Maas (1992), Maas (2000), Neef (2005), Neijt (2002), Nerius ([4]2007), Noack (2010).

9. Phonologie und Schrifterwerb

Am Ende des dritten Kapitels haben wir auf unterschiedliche Denktraditionen und Ansätze innerhalb der phonologischen Forschung hingewiesen. So gibt es rein theoretische Ansätze (Generative Phonologie, z.B. Wiese 2006, Deklarative Phonologie, Neef 2005) und solche, die sich stärker an der Ausspracherealität orientieren, z.B. Maas (²2006). Die Motive für beide Ansätze sind ganz unterschiedlich. Während es in der theoretischen Sprachwissenschaft um eine möglichst adäquate Beschreibung und Erklärung systemischer Strukturen geht, liefert eine an der Aussprache orientierte Phonologie vor allem Anwendungsbezüge u.a. für die sprach- und schriftdidaktische Forschung. Insbesondere die Schrifterwerbsforschung ist auf eine an der Aussprache orientierte Beschreibung des Lautsystems angewiesen, da die Aussprache die Grundlage darstellt, auf der Schriftanfänger ihre schriftsprachlichen Wissensstrukturen aufbauen. Die Schrifterwerbsforschung stellt zugleich einen Bereich dar, in dem phonologisches Wissen anwendungsorientiert zum Einsatz kommt.

9.1 Phonologische Strukturen in den frühen Schrifterwerbsphasen

Zu Beginn des vorigen Kapitels haben wir anhand von Kinderschreibungen gezeigt, dass das Verhältnis zwischen phonologischer und graphematischer Wortstruktur kein segmental-lineares ist, sondern die Prosodie mit Silbe und Akzent die zentrale Domäne für Wortschreibungen darstellt. Um dies zu verdeutlichen, sehen wir uns an, wie eine auf die Laut-Buchstaben-Korrespondenz beschränkte Schreibung aussähe. Bei dem Text in Abb. 9.1 handelt es sich um eine Verschriftung, die sich exakt an der phonetischen Wahrnehmung des Kindes orientiert. Das Kind schreibt nichts auf, was es nicht auch lautlich realisiert. Im Vergleich mit der orthographischen Norm finden sich im Bereich der Wortschreibungen folgende Auffälligkeiten:

- Postvokalisches /r/ wird von dem Kind durchgängig mit <a> verschriftet. Im gesprochenen Deutsch wird dort ein tiefes Schwa realisiert, das perzeptiv an den Vollvokal /a/ erinnert: *<dea>, *<hea> wegen [deɐ], [heɐ].
- Nicht verschriftet werden Reduktionsvokale vor Sonoranten, die in den meisten Regionen des deutschen Sprachgebiets – das Kind stammt übrigens aus dem Nordwesten – lautlich nicht realisiert werden, wie in *malen* ([maːln̩] → *<maln>), *waren* ([vaːn] → *<wan>), *gar* ([gaː] → *<ga>).
- Entgegen der Schreibkonventionen werden dagegen Gleitlaute zwischen Vokalen verschriftet: *<osdaeija> wegen [ˈʔoːst̥ɐˌʔaɪʲɐ].

- Die Schreibungen belegen außerdem eine sehr exakte Wahrnehmung für Merkmale des Gesprochenen, die in der Schrift nivelliert sind (und daher von schriftkundigen Erwachsenen meist nicht mehr wahrgenommen werden), etwa lenisierte (d.h. weicher artikulierte stimmlose) Konsonanten (*Oster-* → *<osder->), ungespannte Vokale (*<nech>) und die phonetische Ähnlichkeit von Frikativen, die im velar/uvularen Bereich artikuliert werden (*doch* → *<dor>).

Abb. 9.1: Kinderschreibung

Die Schreibungen in Abb. 9.1 sind Beispiele für eine recht genaue Wahrnehmung und Durchgliederung des phonetischen Schallstroms, und auch dafür, dass die basale Funktion der Alphabetschrift, nämlich phonologisch bedeutsame Merkmale in diesem Schallstrom durch Buchstabenzeichen zu repräsentieren, bereits verstanden worden ist. Was dem Text in orthographischer Hinsicht fehlt, sind die prosodisch und grammatisch fundierten Schreibungen, wie die Schärfungsschreibung (<wollte>) oder die e-Schreibung in Reduktionssilben (<malen>).

9.2 Fibellehrgänge und Anlauttabellen aus phonologischer Sicht

Die überwiegende Anzahl der derzeit eingesetzten Fibeln arbeitet nach dem sog. synthetisch-analytischen Ansatz, wobei einerseits von realen Wörtern und Sätzen ausgegangen wird, andererseits primär und mehr oder weniger systematisch Phonem-Graphem-Korrespondenzen vermittelt werden. Das verwendete sprachliche Material in den Lehrwerken für den frühen Schriftunterricht unterliegt starken Einschränkungen, da keine als zu schwierig erachteten orthographischen Themen, wie Dehnung oder Schärfung, vorweggenommen werden dürfen. Ein weiteres verbreitetes Unterrichtsmittel im Erstunterricht neben der Fibel ist bekanntlich die Anlauttabelle, die in unterschiedlicher Gestaltung den Fibeln beiliegt und die ebenfalls das Konzept der segmentalen Zuordnung von Lauten zu schriftlichen Zeichen bedienen soll. Fibeln vermitteln graphematische Strukturen kategorisch als Aneinanderreihung einzelner Buchstaben (Abb. 9.2), als deren einzige Funktion der Lautbezug gilt. Prosodische Merkmale werden so kategorisch ausgeblendet.

Nashorn Affe Sonne Elefant = <Nase>

Abb. 9.2: Schreiblernmethode nach dem Anlautprinzip

Der Nutzen dieser Materialien muss als begrenzt angesehen werden, da die Relationen zwischen gesprochener und geschriebener Sprache weitaus komplexer sind, als es durch eine lineare und kontextfreie Korrespondenzbeziehung darstellbar ist. Die Argumente hierfür sind in den Kapiteln dieses Buches entwickelt worden:

- Phonologische Wörter sind keine Aneinanderreihung einzelner Phoneme, sondern weisen prosodische Strukturmerkmale auf, d.h. Silbenstrukturen einschließlich der Anschlussverhältnisse und Betonungsmuster.
- Die Phoneme des Deutschen sind distributionell nicht auf die Anlautposition von Wörtern zu reduzieren; es gibt Phoneme, die im Wortanlaut gar nicht vorkommen, etwa der velare Nasal [ŋ] oder der velare Frikativ [x]; auch Vokale stehen nie im absoluten Anlaut; wenn kein anderer Konsonant die Anlautposition besetzt, steht grundsätzlich der Glottisverschluss.
- Die lautliche Entsprechung von Graphemen ist kontextsensitiv, d.h. silbenpositionsabhängig. So entspricht dem Graphem <e> nur in betonten und neutralen Silben ein Vollvokal ([e] oder [ɛ]), in Reduktionssilben jedoch Schwa ([ə]) oder gar kein Laut. <r> wird nur konsonantisch realisiert, wenn es im Sil-

benanfangsrand steht. Im Endrand (postvokalisch) entspricht ihm der tiefe Reduktionsvokal [ɐ].

- Viele graphematische Strukturen sind mithilfe der Phonem-Graphem-Korrespondenz nicht beschreibbar, da sie andere, nämlich prosodische, aber auch morphologische Strukturen abbilden; so kennzeichnet die Doppelkonsonantenschreibung (Schärfungsschreibung) keinesfalls ein verdoppeltes Phonem, sondern scharfen Silbenschnitt. Dem Dehnungs- und silbentrennenden h entspricht nicht das Phonem [h], welches in den Silbenpositionen, in denen dieses Graphem steht, nie vorkommt (Silbenendrand sowie Anlaut reduzierter Silben).
- Stimmhafte Obstruenten kommen im Silbenauslaut nicht vor (Auslautverhärtung); die Orthographie sieht hier aufgrund des Konstantschreibungsprinzips jedoch die Beibehaltung des Merkmals [+ sth] vor.

Wie komplex das Verhältnis zwischen Phonologie und Graphematik tatsächlich ist, lässt sich auch an den Schwierigkeiten und Äußerungen ablesen, die Kinder zu Beginn des Schrifterwerbs zeigen, wie aus dem Praxisbericht einer Grundschullehrerin hervorgeht: „Florian (...) bemühte sich, allein mit einer Anlauttabelle seine Wörter zu schreiben, brauchte aber meine Hilfe, als er das [ɐ] suchte, weil er *Leiter* schreiben wollte. Ich erklärte ihm, das könnte er dort auch nicht finden, er müsse dafür <er> schreiben. Er legte die Tabelle zur Seite und sagte, ‚Dann kann ich die nicht gebrauchen'". (Winkler 2004: 22f.)

9.3 Alternative: Das Silbenanalytische Modell

Neben den traditionellen Fibeln und einigen anderen lautzentrierten Lehrgängen gibt es seit einigen Jahren die sog. Silbenanalytische Schrifterwerbsmethode nach Röber (z.B. 2009), welche eine silbenphonologische Ausrichtung besitzt. Im Mittelpunkt steht die prosodische Differenzierung unterschiedlicher „Wortgestalten" des Deutschen, in Form von vier trochäischen Zweisilbern mit unterschlichen Anschlussverhältnissen:

- gespannter Vokal in offener Silbe: <Robe>
- gespannter Vokal in geschlossener Silbe: <wohnte>
- ungespannter Vokal in offener Silbe: <Robbe>
- ungespannter Vokal in geschlossener Silbe: <Wolke>

Durch die Parameter *Gespanntheit des Vokals* und *offene/geschlossene Silbe* kommt es zu einer Kreuzklassifikation (Tab. 9.1).

	V gespannt	**V ungespannt**
offene Silbe	<Robe> → keine orthographische Markierung	<Robbe> → Schärfungsschreibung
geschlossene Silbe	<wohnte> → Dehnungsschreibung	<Wolke> → keine orthographische Markierung

Tab. 9.1.: Die vier prosodischen Wortgestalten nach dem Silbenanalytischen Ansatz (die Wortgestalten, die eine orthographische Markierung motivieren, sind grau hinterlegt)

Ausgehend von der Prämisse, dass die deutsche Wortschreibung die prosodischen Strukturen markiert, basiert die Schriftvermittlung nach dem Silbenanalytischen Ansatz auf dem Erkennen der vier unterschiedlichen Wortgestalten. Teillernziele sind dabei die phonetische und phonologische Unterscheidung von betonten und unbetonten Silben, von gespannten und ungespannten Vokalen sowie von geschlossenen und offenen Silben. Zwei der Wortgestalten bedürfen dabei keiner orthographischen Markierung, sie sind durch das Merkmal offene Silbe/geschlossene Silbe ausreichend erkennbar, wohingegen die anderen beiden Typen für eine eindeutige Rekodierbarkeit orthographisch gekennzeichnet werden müssen: Wörter mit ungespanntem Vokal und losem Silbenanschluss (*Robbe*) werden regelhaft durch die Dopplung des Konsonantenzeichens markiert (Schärfung), Wörter mit losem Anschluss in geschlossener Silbe (*wohnte*) durch das (leider nicht regelhafte) Einfügen eines <h> vor <l, m, n, r> (Dehnungsschreibung).

Die prosodischen und lautlichen Strukturen der Wortgestalten werden im Schulunterricht durch das Bild eines Hauses (betonte Silbe) mit einem kleineren vorderen Zimmer für den Anfangsrand der Silbe, einem größeren Zimmer für den Reim sowie einer ebenfalls zweigeteilten ‚Garage' für die Reduktionssilbe vorgestellt (vgl. Röber 2009). Der Silbenanalytische Ansatz nutzt damit das in Kapitel 6 vorgestellte hierarchische Silbenmodell mit den Konstituenten Anfangsrand und Reim (der wiederum aus Nukleus und Endrand besteht) sowie der Differenzierung der Silbentypen (betont, reduziert, neutral). Ein Problem besteht allerdings darin, dass die Trennung der lautlichen und schriftlichen Ebene durch die ausschließliche Verwendung von Graphemen (wie es im Anfangsunterricht auch nicht anders möglich ist) die Ebenen stark vermischt.

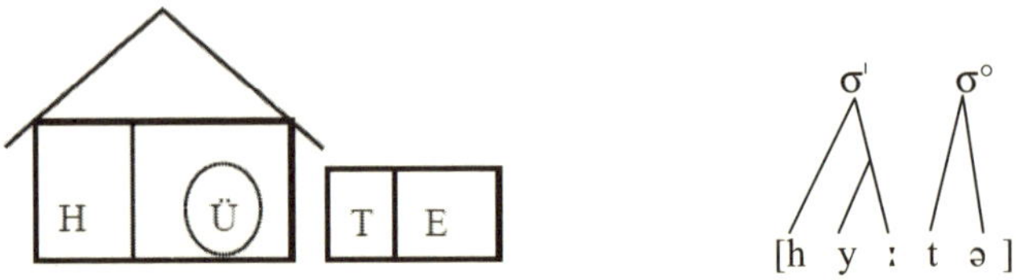

Abb. 9.4: ‚Häusermodell' nach Röber (2004) und Silbenstruktur des trochäischen Zweisilbers mit gespanntem Vokal in offener Silbe (Bsp. *Hüte*)

Was in Bezug auf den frühen Schrifterwerb komplex klingt, stellt sich für den Unterricht als durchaus praktikabel heraus: Kinder sind i.d.R. sehr gut in der Lage, Sprache zu syllabieren oder auch zu verändern, indem z.B. die Vokale ausgetauscht werden (man denke an Sprachspiele wie die „Robotersprache" sowie Reim- und Singspiele), sie können jedoch noch nicht ohne weiteres bestimmen, aus welchen Einzellauten ein Wort zusammengesetzt ist. Darüber hinaus ist die Methode geeignet, die sprachreflexiven Fähigkeiten der Schriftanfänger auszubauen, da die graphematischen Wortstrukturen explizit in Form von Regelwissen vermittelt werden.

9.4 Phonologische Bewusstheit

Als wohl wichtigste Voraussetzung für den erfolgreichen Einstieg in das Lesen- und Schreibenlernen gilt seit etwa 25 Jahren die sog. Phonologische Bewusstheit (im Folgenden: PB; zur Geschichte des Begriffs vgl. Nicholson 1997). Der Ausdruck bezeichnet die Fähigkeit, ein phonologisches Wort in untergeordnete Einheiten – im engeren Sinn Laute, im weiteren Sinn Silben bzw. Silbenkonstituenten – zu gliedern. Die Crux an diesem Konzept besteht jedoch darin, dass bis heute nicht hinreichend bestimmt werden konnte, ob die PB im engeren Sinn eine Voraussetzung oder eher eine Folge des Schrifterwerbs darstellt, da die zu segmentierenden Einheiten bei der engeren PB genau den Einheiten der Schrift entsprechen, nämlich den Graphemen. Da die gesprochene Sprache ein lautliches Kontinuum darstellt und Kinder zu Beginn des Schrifterwerbs i.d.R. noch keine Kenntnis von der Struktur der Buchstabenschrift besitzen, stellt die phonemische Segmentierung hohe kognitive Anforderungen, im Gegensatz zur Syllabierung. So gelingt es amerikanischen Untersuchungen zufolge vorschulischen Kindern sowie Schriftanfängern kaum, die einzelnen Phoneme in komplexen Silbenanfangsrändern zu identifizieren (z.B. [b] und [l] in *blue*), während sie i.d.R. ohne Mühe ganze Anfangsränder oder Reime ersetzen können (z.B. *bl ue – Sh oe*; *Sh oe – sh y*). Gleichzeitig fällt ihnen die graphische Repräsentierung komplexer Ränder (*Tr ee*) sehr viel schwerer als die von einfachen (*T ea*). Darüber hinaus ist die Wahrnehmung einzelner Segmente von ihrer Silben- und Wortposition abhängig (vgl. den Überblick über die anglo-amerikanische Forschung in Grümmer/Welling 2002).

Zusammenfassung: Nach all der Theorie der vergangenen Kapitel haben wir nun einen Einblick bekommen, wie phonologisches Wissen praktisch angewendet werden kann, u.a. nämlich, um die Prozesse der kindlichen Schriftaneignung angemessen zu beschreiben und zu erklären. An dieser Stelle sei noch einmal hervorgehoben, dass es das Ziel dieses Buches ist, neben der Einführung in die Phonologie zugleich Einblicke in das Verhältnis zwischen geschriebener und gesprochener Sprache zu geben, soweit phonologische Schreibungen betroffen sind. In dem vorliegenden und dem vorigen Kapitel sind diese Zusammenhänge aufgezeigt worden, wobei wir insbesondere die Relevanz der Silbenstruktur für die Orthographie und den Schreibunterricht fokussiert haben.

Aufgabe 1: Besorgen Sie sich per Suchmaschine im Internet eine Anlauttabelle. Schreiben Sie die folgenden phonologischen Wörter mithilfe der Anlauttabelle auf und vergleichen Sie Ihre Schreibweise mit der orthographischen Norm: a: [hʊnt], b. [ʀaɪzn̩], c. [ʀaɪsn̩], d. [fylɐ], e. [ʃpiːl]
Aufgabe 2: Wie lassen sich die Normabweichungen in Aufgabe 1 beschreiben und begründen?

Grundbegriffe: Schrifterwerb, Anlauttabelle, Silbenanalytische Methode, Phonologische Bewusstheit.

Weiterführende Literatur: Maas (1992), Röber (2004, 2009), Winkler (2004).

Literatur

Auer, Peter/Gilles, Peter/Spiekermann, Helmut (Hgg.): Silbenschnitt und Tonakzent. Tübingen: Niemeyer 2002.

Becker, Thomas (2002): Silbenschnitt und Silbenstruktur in der deutschen Sprache der Gegenwart. In: Auer/Gilles/Spiekermann (Hgg.): 87-102.

Becker, Thomas (1998): Das Vokalsystem der deutschen Standardsprache. Frankfurt/Main: Lang 1998.

Bosch, Bernhard (1937): Grundlagen des Erstleseunterrichts. (Wiederabgedruckt in: Giese, Heinz W. (Hg.) (2003): Lesen lernen. Diskussionsbeiträge aus 50 Jahren. Bernhard Bosch zum 100. Geburtstag. – Duisburg: Gilles & Francke).

Bußmann, Hadumod (^{4}2008): Lexikon der Sprachwissenschaft. Stuttgart: Kröner.

Chomsky, Noam/Halle, Morris (1968): The Sound Pattern of English. New York u.a.: Harper & Row.

Dürscheid, Christa (^{3}2006): Einführung in die Schriftlinguistik. Göttingen: Vandenhoeck & Ruprecht.

Eisenberg, Peter (2006): Der Laut und die Lautstruktur des Wortes; Der Buchstabe und die Schriftstruktur des Wortes. In: Duden-Grammatik, 7. Auflage. Mannheim: Duden-Verlag.

Eisenberg, Peter (^{3}2006): Grundriss der deutschen Grammatik. Bd. 1: Das Wort. Stuttgart: Metzler.

Eisenberg, Peter/Ramers, Karlheinz/Vater, Heinz (1992): Silbenphonologie des Deutschen. Tübingen: Narr.

Essen, Otto von (^{2}1964): Grundzüge der hochdeutschen Satzintonation. Ratingen/Düsseldorf: Henn.

Fox, Anette V./Dodd, B.J. (1999): Der Erwerb des phonologischen Systems in der deutschen Sprache. In: Sprache – Stimme – Gehör 23: 183-189.

Fuhrhop, Nanna (^{3}2009): Orthographie. Heidelberg: Winter.

Glück, Helmut (1987): Schrift und Schriftlichkeit. Eine sprach- und kulturwissenschaftliche Studie. Stuttgart: Metzler.

Grümmer, Christiane/Welling, Alfons (2002): Die Silbe und ihre Bedeutung für das Schriftsprachlernen – ein Bericht über anglo-amerikanische Forschungen. In: Tophinke, Doris/Röber-Siekmeyer, Christa (Hgg.): Schärfungsschreibung im Fokus. Baltmannsweiler: Schneider Hohengehren: 15-54.

Hall, Tracy A. (2000): Phonologie. Eine Einführung. Berlin, New York: de Gruyter.

Jespersen, Otto (1904): Phonetische Grundfragen. Leipzig: Teubner.

Kohler, Klaus-Jürgen (^{2}1995): Einführung in die Phonetik des Deutschen. Berlin: Schmidt.

Ladefoged, Peter (^{2}2006): Vowels and Consonants. Malden, Mass. [u.a.], Blackwell (http://www.phonetics.ucla.edu/vowels/contents.html).

Ladefoged, Peter/Maddieson, Ian (1997): The Sounds of the World's Languages. Oxford u.a.: Blackwell.

Lenerz, Jürgen (2000): Zur sogenannten Vokalopposition im Deutschen. Zeitschrift für Sprachwissenschaft 19: 167-209.

Lieberman, Philipp (^{2}1968): Intonation, Perception and Language. Cambridge, Mass: MIT-Press.
Maas, Utz (1992): Grundzüge der deutschen Orthographie. Tübingen: Niemeyer.
Maas, Utz (^{2}2006): Phonologie. Einführung in die funktionale Phonetik des Deutschen. Göttingen: Vandenhoeck & Ruprecht.
Maas, Utz (2002): Die Anschlusskorrelation des Deutschen im Horizont einer Typologie der Silbenstruktur. In: Auer/Gilles/Spiekermann (Hgg.): 11-34.
Maddieson, (1984): Patterns of Sounds. Cambridge: Cambridge University Press.
Maibauer, Jörg u.a. (^{2}2007): Einführung in die germanistische Linguistik. Stuttgart: Metzler.
Moulton, William G. (1962): The Sounds of English and German. Chicago: University of Chicago Press.
Neef, Martin (2005): Die phonologischen Einheiten des Deutschen aus Sicht einer Autonomen Deklarativen Phonologie. In: Linguistische Berichte 202: 207-249.
Neijt, Anneke (2002): The Interfaces of Writing and Grammar. In: Neef, Martin/Neijt, Anneke/Sproat, Richard (Hgg.): The Relation of Writing to Spoken Language. Tübingen: Niemeyer: 11-34.
Neppert, Joachim M.H. (^{4}1999): Elemente einer Akustischen Phonetik. Hamburg: Buske.
Nespor, Marina/Vogel, Irene (1986): Prosodic Phonology. Dordrecht: Foris.
Nicholson, Tom (1997): Phonological Awareness and Learning to Read. In: van Lier, Leo/Corson, David (Hgg.): Knowledge about Language. Dordrecht: Kluwer: 53-61.
Noack, Christina (2010): Orthographie als Leserinstruktion. Die Leistung schriftsprachlicher Strukturen für den Dekodierprozess. In: Bredel, Ursula/Hinney, Gabriele/Müller, Astrid (Hgg.): Schriftsystem und Schrifterwerb: linguistisch – didaktisch – empirisch. Tübingen: Niemeyer: 151-170.
Pompino-Marschall, Bernd (^{2}2003): Einführung in die Phonetik. Berlin, New York: de Gruyter.
Ramers, Karl-Heinz (1988): Vokalquantität und -qualität im Deutschen. Tübingen: Niemeyer.
Ramers, Karl-Heinz (^{2}2007): Phonologie. In: Maibauer, Jörg u.a.: Einführung in die germanistische Linguistik. Stuttgart: Metzler.
Reis, Marga (1974): Lauttheorie und Lautgeschichte. Untersuchungen am Beispiel der Dehnungs- und Kürzungsvorgänge im Deutschen. München: Fink.
Restle, David/Vennemann, Theo (2001): Silbenstruktur. In: Sprachtypologie und Universalienforschung. HSK 20.2: 1079-1104.
Röber-Siekmeyer, Christa (^{2}1997): Die Schriftsprache entdecken. Weinheim: Beltz.
Röber, Christa (2009): Die Leistungen der Kinder beim Lesen- und Schreibenlernen. Grundlagen der Silbenanalytischen Methode. Baltmannsweiler: Schneider Hohengehren.
Selkirk, Elisabeth (1980): The Syllable. In: van der Hulst, Harry/Smith, Norval (Hgg.): The Structure of Phonological Representations. Dordrecht: Foris: 337-383.

Siebs, Theodor ([19]1969): Deutsche Aussprache. Reine und gemäßigte Hochlautung mit Aussprachewörterbuch. Berlin: de Gruyter.
Sievers, Eduard ([5]1901): Grundzüge der Phonetik. Wiesbaden: Breitkopf & Hartel. (Nachdr.: Hildesheim: Olms 1976).
Spiekermann, Helmut (2000): Silbenschnitt in deutschen Dialekten. Tübingen: Niemeyer.
Spiekermann, Helmut (2002): Ein akustisches Korrelat des Silbenschnitts: Formen des Intensitätsverlaufs in Silbenschnitt- und Tonakzentsprachen. In: Auer/Gilles/Spiekermann (Hgg.): 181-200.
Trubetzkoy, Nikolaus S.: Grundzüge der Phonologie. Göttingen: Vandenhoeck & Ruprecht [7]1989.
Vennemann, Theo (1991): Syllable Structure and Syllable Cut Prosodies in Modern Standard German. In: Bertinetto, Pier M./Kenstowicz, Michael/Loporcaro, Michele (Hgg.): Certamen Phonologicum II. Papers from the 1990 Cortona Phonology Meeting. Turin: Rosenberg & Sellier: 211-243
Vennemann, Theo (1994): Universelle Nuklearphonologie mit epiphänomenaler Silbenstruktur. In: Ramers, Karlheinz/Vater, Heinz/Wode, Henning (Hgg.): Universale phonologische Strukturen und Prozesse. Tübingen: Niemeyer: 7-54.
Wiese, Richard (2000): The Phonology of German. Oxford University Press.
Winkler, Karin (2004): Die Systematik einer silbenanalytischen Darstellung der Schrift im Anfangsunterricht – Ein Praxisbericht. In: Bredel, Ursula/Siebert-Ott, Gesa/Thelen, Tobias (Hgg.): Schriftspracherwerb und Orthographie. Baltmannsweiler: Schneider Hohengehren: 22-30.

Glossar

Akzent Hervorhebung von Silben (= Wortakzent) oder Wörtern (= Satzakzent) durch Veränderung der Lautstärke oder der Tonhöhe.

Allophon Lautliche Realisierung eines Phonems in der Äußerung; Variante eines Phonems.

Ambisilbizität Phonologische Eigenschaft eines Konsonanten an der Fuge zwischen einer betonten und einer unbetonten Silbe; ambisilbische Konsonanten werden sowohl dem Endrand der ersten als auch dem Anfangsrand der zweiten Silbe zugewiesen.

Ansatzrohr Bereich des menschlichen Körpers, in dem die Lautartikulation stattfindet, d.h. der Mund-, Nasen- und Rachenbereich von der Glottis bis zu den Lippen.

Anschluss (lose vs. fest) Phonetische Anbindung eines betonten Vokals an den darauffolgenden Konsonanten. Beim losen Anschluss wird der Vokal vor Einsetzen des Konsonanten zu Ende artikuliert, beim festen Anschluss schneidet der Konsonant den Vokal vorzeitig ab.

Antepänultima Vorvorletzte Silbe eines Wortes.

Artikulation Die Erzeugung gesprochener Sprache, insbesondere die Lautbildung im Ansatzrohr.

Artikulator Bewegliches Organ im Ansatzrohr, das sich dem Artikulationsort annähert.

Assimilation Angleichung benachbarter Laute in ihren phonologischen Merkmalen.

Auslautverhärtung Phonologischer Prozess, bei dem stimmhafte Obstruenten im Silbenendrand entstimmt werden.

Diphthong Doppelvokalphonem aus qualtitativ unterschiedlichen Vokalen

distinktiv Bedeutungsunterscheidend (bei phonologischen Merkmalen).

Epenthese Einfügung von einzelnen Lauten in ein phonologisches Wort.

Freie Variation Realisation eines Phonems durch unterschiedliche Allophone, die nicht durch die Umgebungslaute abhängig ist, meist regional bedingt.

Fuß Prosodisch-rhythmische Einheit eines phonologischen Wortes, die sich aus der Abfolge von betonten und unbetonten Silben ergibt.

Glottis Stimmritze, Spalt zwischen den Stimmlippen im Kehlkopf.

Glottisverschluss(laut) Stimmloser Konsonant, der durch vollständigen Verschluss der Glottis und anschließender explosiver Öffnung gebildet wird.

Graphem Kleinste bedeutungsunterscheidende Einheit der Alphabetschrift mit Bezug zum Phonem.

homorgan An der selben Artikulationsstelle gebildet.

Intonation Tonhöhen- oder Melodieverlauf eines Satzes bzw. einer Äußerung.

IPA Die Abkürzung steht sowohl für das „Internationale Phonetische Alphabet" als auch für die Gesellschaft, die es entwickelt hat, die „International Phonetic Association".

Koartikulation Phonetische Eigenschaft des Ineinandergreifens der Artikulationsbewegungen während einer Äußerung.

komplementäre Distribution Ergänzende Verteilung von Allophonen in Abhängigkeit von den Umgebungslauten.

Kontrast Vorkommen unterschiedlicher Laute oder phonologischer Merkmale in derselben lautlichen Umgebung.

Kopf Prominenter Teil einer sprachlichen Einheit, z.B. die betonte Silbe eines Fußes.

Obstruenten Konsonanten, die durch ein Hindernis im Ansatzrohr gebildet werden, Plosive und Frikative.

Opposition Distinktivität zweier Laute in derselben Umgebung.

Orthoepie Aussprachenorm.

Pänultima Die vorletzte Silbe eines Wortes oder eines Fußes.

Phonation Stimmgebungsprozess durch die Stellung der Stimmlippen bei der lautlichen Artikulation.

Phonem Kleinste funktionale Spracheinheit; abstrakte Größe der phonologischen Sprachbeschreibung, auch Bündel distinktiver Merkmale.

Phonographie Bereich der Orthographie, der sich auf die phonologischen Strukturen der gesprochenen Sprache bezieht.

Prosodie Summe der phonologischen Eigenschaften, die sich auf Einheiten oberhalb des Phonems beziehen, v.a. Silbenschnitt, Intonation und Akzent.

pulmonal Die Lunge betreffend, Luftstrom, der bei der Sprachproduktion von der Lunge durch das Ansatzrohr strömt.

Silbe Phonologische Einheit zwischen dem Phonem und dem Fuß.

Silbenschnitt (sanft vs. scharf) Prosodisches Merkmal des Anschlusses zwischen betonter und unbetonter Silbe; der Ausdruck fester/loser Anschluss ist äquivalent.

Sonoranten Konsonanten, die spontan stimmhaft artikuliert werden, d.h. Nasale und Liquide.

Sonorität (Schallfülle) auditive Eigenschaft von Vokalen und Konsonanten, die als relative Lautstärke wahrgenommen wird; Vokale und Sonoranten besitzen eine hohe, Obstruenten eine geringe Sonorität.

Spirantisierung Phonologischer Prozess, bei dem Plosivlaute als Frikative artikuliert werden.

Suprasegmentalia Distinktive Merkmale, die sich auf höhere Einheiten als das Phonem beziehen, vgl. Prosodie.

Tilgung Wegfall eines Lautes im Wortinlaut (= Synkope) oder -auslaut (= Apokope).

Transkription Prozess bzw. Ergebnis der phonetischen Verschriftung.

Ultima Letzte Silbe eines Wortes bzw. eines Fußes.

Sachregister

Anhang I

Liste der IPA-Zeichen deutscher Laute

Vokalzeichen:

i	Biene [ˈb**iː**.nə]	u	Muße [ˈm**uː**.sə]
ɪ	Kiste [ˈkʰ**ɪ**s.tə]	ʊ	Muster [ˈm**ʊ**s.tɐ]
y	Füße [ˈf**yː**.sə]	o	Rose [ˈʁ**oː**.zə]
ʏ	Küste [ˈkʰ**ʏ**s.tə]	ɔ	Wolke [ˈv**ɔ**l.kə]
e	Wege [ˈv**eː**.gə]	a	Kante [ˈk**a**n.tə]
ɛ	besser [ˈv**ɛ**s.tə]	ɑ	Base [ˈb**ɑː**.zə]
ø	böse [ˈb**øː**.zə]	ə	Gerede [ˈg**ə**.ʁeː.d**ə**]
œ	öffnen [ˈ**ʔœf.nən**]	ɐ	Vater [ˈfɑː.t**ɐ**]
aɪ	Reise [ˈ**ʁaɪ.zə**]	aʊ	Sause [ˈz**aʊ.zə**]
ɔɪ	Beule [ˈ**bɔɪ.lə**]		

Konsonantenzeichen:

p	Pass [**p**ʰas], lieb [liː**p**ʰ]	f	Fisch [**f**ɪʃ]
b	Beil [**b**aɪl]	v	Wal [**v**ɑːl]
t	Tal [**t**ʰɑːl], Leid [laɪ**t**ʰ]	s	Muße [ˈmuː.**s**ə], Los [loː**s**]
d	dann [**d**an]	z	Muse [ˈmuː.**z**ə], Sohn [**z**oːn]
k	Kamm [**k**ʰam], Tag [tʰɑː**k**ʰ]	ʃ	Schuh [**ʃ**uː]
g	gut [**g**uːtʰ]	ʒ	Genie [**ʒ**e.ˈniː]
ʔ	aus [**ʔ**aʊs], Verein [fɐ.ˈ**ʔ**aɪn]	ç	Licht [lɪ**ç**tʰ]
m	Mut [**m**uːtʰ]	j	Juni [ˈ**j**uː.ni]
n	Nut [**n**uːtʰ]	x	Dach [da**x**]
ŋ	Ring [ʁɪ**ŋ**]	ʁ	Ring [**ʁ**ɪŋ]
l	Leim [**l**aɪm]	h	Hose [ˈ**h**oː.zə]

Anhang II

THE INTERNATIONAL PHONETIC ALPHABET (revised to 1993, updated 1996)

CONSONANTS (PULMONIC)

	Bilabial	Labiodental	Dental	Alveolar	Postalveolar	Retroflex	Palatal	Velar	Uvular	Pharyngeal	Glottal
Plosive	p b			t d		ʈ ɖ	c ɟ	k ɡ	q ɢ		ʔ
Nasal	m	ɱ		n		ɳ	ɲ	ŋ	ɴ		
Trill	ʙ			r					ʀ		
Tap or Flap				ɾ		ɽ					
Fricative	ɸ β	f v	θ ð	s z	ʃ ʒ	ʂ ʐ	ç ʝ	x ɣ	χ ʁ	ħ ʕ	h ɦ
Lateral fricative				ɬ ɮ							
Approximant		ʋ		ɹ		ɻ	j	ɰ			
Lateral approximant				l		ɭ	ʎ	ʟ			

Where symbols appear in pairs, the one to the right represents a voiced consonant. Shaded areas denote articulations judged impossible.

CONSONANTS (NON-PULMONIC)

Clicks		Voiced implosives		Ejectives	
ʘ	Bilabial	ɓ	Bilabial	ʼ	Examples:
ǀ	Dental	ɗ	Dental/alveolar	pʼ	Bilabial
ǃ	(Post)alveolar	ʄ	Palatal	tʼ	Dental/alveolar
ǂ	Palatoalveolar	ɠ	Velar	kʼ	Velar
ǁ	Alveolar lateral	ʛ	Uvular	sʼ	Alveolar fricative

VOWELS

	Front		Central		Back
Close	i • y		ɨ • ʉ		ɯ • u
		ɪ ʏ		ʊ	
Close-mid	e • ø		ɘ • ɵ		ɤ • o
			ə		
Open-mid	ɛ • œ		ɜ • ɞ		ʌ • ɔ
		æ		ɐ	
Open	a • ɶ				ɑ • ɒ

Where symbols appear in pairs, the one to the right represents a rounded vowel.

OTHER SYMBOLS

- ʍ Voiceless labial-velar fricative
- w Voiced labial-velar approximant
- ɥ Voiced labial-palatal approximant
- ʜ Voiceless epiglottal fricative
- ʢ Voiced epiglottal fricative
- ʡ Epiglottal plosive
- ɕ ʑ Alveolo-palatal fricatives
- ɺ Voiced alveolar lateral flap
- ɧ Simultaneous ʃ and x

Affricates and double articulations can be represented by two symbols joined by a tie bar if necessary. k͡p t͜s

DIACRITICS Diacritics may be placed above a symbol with a descender, e.g. ŋ̊

̥	Voiceless	n̥ d̥	̤	Breathy voiced	b̤ a̤	̪	Dental	t̪ d̪
̬	Voiced	s̬ t̬	̰	Creaky voiced	b̰ a̰	̺	Apical	t̺ d̺
ʰ	Aspirated	tʰ dʰ	̼	Linguolabial	t̼ d̼	̻	Laminal	t̻ d̻
̹	More rounded	ɔ̹	ʷ	Labialized	tʷ dʷ	̃	Nasalized	ẽ
̜	Less rounded	ɔ̜	ʲ	Palatalized	tʲ dʲ	ⁿ	Nasal release	dⁿ
̟	Advanced	u̟	ˠ	Velarized	tˠ dˠ	ˡ	Lateral release	dˡ
̠	Retracted	e̠	ˤ	Pharyngealized	tˤ dˤ	̚	No audible release	d̚
̈	Centralized	ë	̴	Velarized or pharyngealized	ɫ			
̽	Mid-centralized	e̽	̝	Raised	e̝ (ɹ̝ = voiced alveolar fricative)			
̩	Syllabic	n̩	̞	Lowered	e̞ (β̞ = voiced bilabial approximant)			
̯	Non-syllabic	e̯	̘	Advanced Tongue Root	e̘			
˞	Rhoticity	ɚ a˞	̙	Retracted Tongue Root	e̙			

SUPRASEGMENTALS

- ˈ Primary stress
- ˌ Secondary stress ˌfoʊnəˈtɪʃən
- ː Long eː
- ˑ Half-long eˑ
- ̆ Extra-short ĕ
- | Minor (foot) group
- ‖ Major (intonation) group
- . Syllable break ɹi.ækt
- ‿ Linking (absence of a break)

TONES AND WORD ACCENTS

LEVEL			CONTOUR		
e̋ or	˥	Extra high	ě or	˩˥	Rising
é	˦	High	ê	˥˩	Falling
ē	˧	Mid	e᷄	˦˥	High rising
è	˨	Low	e᷅	˩˨	Low rising
ȅ	˩	Extra low	e᷈	˧˦˧	Rising-falling
ꜜ		Downstep	↗		Global rise
ꜛ		Upstep	↘		Global fall